命が消えたらどこへゆくのか

熊野神社禰宜
日本救急救命士協会会長
鈴木哲司

二見書房

はじめに

自然やまわりの人々に感謝を忘れなかった日本人

古代から日本人は、自然界のなかで自分の感性を磨《みが》き、あらゆるもののなかに神様を感じ、日常の些細《ささい》なことにも「ありがとう」という気持ちを忘れずに生活してきました。

それは、自分を取り巻く自然やまわりの人々に対する心からの感謝です。そして同時に、命への感謝でもあり、生命をいとおしむことでもありました。

空、海、大地、山、川、動植物……どれほど時が移ろい、生活様式が進化しても、わたしたちは自然のなかで生かされ、その恩恵を受けながら暮らしています。

人は自分の力で「生きている」のではなく、「生かされている」のです。

しかし、現代人は情報があふれるマルチタスク型社会により、感性が鈍化しているように感じます。古代の日本人のように、神様を感じることができる能力はいちじるしく低下したのではないでしょうか。

都会の生活では、自然の音を耳にすることはありません。

エアコンの音、エンジンの音、救急車のサイレンなど、つねに人工的な音を聞いて過ごしています。

いつでもどこでもSNSやメールに追いかけられ、大量の情報処理を強いられる脳は、疲れきっています。

これらはストレスとなり、やがて心や身体の不調へとつながります。

かつてわたしが勤務していた高度救命救急センターでは、自殺者の搬送が年々増加していました。こんなにも毎日命を粗末に扱う人が多いことに、驚きを隠せませんでした。

それでも最近は、『古事記』や『日本書紀』を読み、日本人の「霊性」に目覚める人や全国各地の神社を参拝する若者が増えてきました。なぜ、神社に参拝するのか？　わたしは、ストレス社会に疲れ果て、心が飢え乾いている人が神社に癒《いや》しや救いを求めているのだと思っています。

日本は、霊之本（ヒノモト）と称し、たくさんの神々が住まう、四季と豊かな自然に恵まれた美しい国です。建国の歴史からも、いかなるときにも「霊性」を第一に考え、それを重んじながら生活してきたのが日本人です。

神職と救急救命士という二つの仕事

わたしは、千葉県長生郡長南町に鎮座《ちんざ》する熊野神社の禰宜《ねぎ》、日本救急救命士協会会長、救急救命士を目指す若者を育てるための大学教員、「命の尊さ」を伝える講演家など、いくつかの仕事を兼ね、研鑽《けんさん》を重ねる毎日を過ごしております。

さらに二〇二〇年より、福島県いわき市の『地域医療連携推進法人・医療戦略研究所』で、神社神道の神職として初めて、「医療チャプレン」の活動もスタートしました。

「チャプレン」とは聞きなれない言葉かもしれませんが、患者さんや医療スタッフの悩み・苦しみに宗教者として寄り添うことが役目です。

誰にも打ち明けられなかった思いを遠慮なくお話ししていただき、ともに祈り、見える世界のお話だけではなく、見えない世界からのことわり（理）も含めてお伝えしていくことが、わたしのつとめだと思っております。

わたしはよく、いろいろな方から尋ねられることがあります。

「どうして、『神職』と『救急救命士』という異分野の仕事をするようになったのですか？」と。

わたしにとっては、なるべくしてなったという感覚であり、不思議さはまったくないのですが、自己紹介を兼ねて、この二つの仕事をするようになったところからお話を始めたいと思います。

世界最高齢のライフセーバー本間さんの弟子として

わたしは新潟県村上市で生まれ育ちました。子どものころからおもな遊び場は家からほど近い日本海の荒波立つ瀬波海岸でした。そこで、生涯の師となるライフセーバー・故本間錦一さんと出会ったのがすべての始まりです。

本間さんは昭和二年（一九二七）生まれ。二〇一六年に八九歳で亡くなられましたが、その一年前まで「世界最高齢の現役ライフセーバー」として活躍。たびたびニュースなどにも取り上げられ、「越後のかっぱ」「海の守り神」、ときに「怪人」と呼ばれた方でした。本間さんご自身が遭遇した水難事故をきっかけに、「村上潜水クラブ」という水難救助団体を設立。長年、人命救助や遺体の収容などに携わってこられました。わたしは幼いころから、この本間さんの後ろ姿を見つめつづけ、育ってきたのです。

本間さんは身長一五五cmと小柄な方でした。物腰がとても柔らかく、いつも福々しい笑顔で、「哲、おれが見ているから安心して泳いでおいで」と声をかけてくれました。そして、わたしが見つけた魚や貝を手に持って名前を訊きにいくと、親切に優しく教えてくれたのです。それがうれしく、まさに金魚のフンのように朝から日が沈むときまで、本間さんの後ろをついて回って夏を過ごしました。

毎年、夏休み明けの登校日には、だれよりも真っ黒に日焼けしており、先生や友人によくからかわれたものです。そして高校生になるころには、わたしは当たり前のように、大人たちに混じって海岸救護所で赤十字ボランティアをするようになっていました。

本間さんは、人の心を瞬時にとらえ、人を引きつける魅力を持ち、幸せを感じさせる時間と空間を自然体で演出される方でした。

触れ合うと、心のなかに温かなものが広がっていくのをいつも感じていました。

それと同時に、水難事故が発生した緊急時の張りつめた空気のなかで、迅速に判断、対処される姿に、わたしは強く憧れの気持ちを持つようになったのです。

本間さんが水難救助をこころざした出来事

これは、そんな本間さんから聞いた話です。

「哲、よく聞くんだぞ！　おれが水難救助をこころざすに至ったいきさつを話してあげよう。ライフセーバーもレスキュー隊もまだ存在しなかった昭和二三年七月の話だ。たしかあれは昼ごろだったな。自宅に帰ると父親から、三面川《みおもてがわ》で行方不明者が出た。おまえも行ってすぐに捜索してこいといわれたんだ。おれが二一歳のころだ」

三面川とは、サケの遡上《そじょう》で有名な、新潟県村上市に流れる川です。

「小学三年生の男の子が川に流されたというんだ。その日は、数日前の大雨の影響で川の水が濁り、水中の視界が悪く捜索に困難を極めていた。

町じゅうの青年団がすべて集結して懸命に捜索活動をおこなうなか、日没も近くなったころに新たな連絡が飛び込んできた。

それは、捜索活動中の青年団長が川に入り戻ってこないという連絡だ。

その青年団長はとても責任感が強かったんだが、泳ぎは得意ではなかった。男の子を何としても見つけてあげなければという切なる思いから、川に入った……」

本間さんは少し間をおいて、続けました。

「そして、溺れてしまった。翌日、おれが水深一〇メートルほどの川底にうつ伏せになり、沈んでいた青年団長の遺体を発見し引き上げてきた。男の子の遺体も近くで発見された。
おれは、二人の命が失われた遺体の前で呆然と立ち尽くしていた。そこへ、若い女性がやってくると、青年団長の遺体にすがりついて泣き崩れた。大声で何度も名前を呼びつづけていてね」

「缶ピース」からタバコを一本取り出して火をつけ、本間さんは一口吸って灰皿に置きました。

しばらくまっすぐ立ち上るタバコの煙を眺めながら、湯飲み茶碗に注がれた大好きな村上茶を一口飲み、さらに一息つきました。

「婚約者だよ……。一週間後には結婚式を挙げる予定だったそうだ。誰も婚約者にかける言葉がなかった。なんでもっとはやく見つけてあげられなかったのだろう。おれは自分を責めた。そして、こんな光景は二度と見たくなんかないと強く思ったよ。これが人命救助を生涯にわたって命懸けでやろうという覚悟ができた瞬間だった。命というものは尊いものだ」

そして、わたしをまっすぐに見ました。

「哲、いいか、川や海で遺体を引きあげるときは、慈《いつく》しみの心をもって接することを忘れるなよ。『苦しかっただろ。今すぐ、救い上げてやるよ』と心のなかで声をかけてあげるんだ。そして、敬愛の気持ちをもって遺体に近づけ。そうすると、恐怖心が消えて、重い遺体でもすっと引き上げやすくなるんだよ。遺体にも思いは伝わるんだな。

おれたちの仕事は脚光を浴びるようなものじゃない。地味な仕事だけど、これほど尊いものはないんだ。だって、人の命を救うのだから」

水死者の霊を鎮める不思議なおまじない

遺体を引き上げた日、号泣する婚約者の痛々しい姿がまぶたから離れず、うまく寝つけずにいた本間さんの目の前に、その日、海から引き上げた男性が現われたそうです。声も出ないくらいの恐怖と衝撃で、本間さんは凍りついたといっていました。

そしてそれ以来、遺体を引き上げるたびに必ず、本間さんのところへは溺死者の霊が現われるようになりました。いつまでこんなことが続くのか……。恐怖と不安に苛《さいな》まれていたとき、本間さんは、漁師であったおじいちゃんからおまじないを教わりました。

「人麻呂や　まこと明石の浦ならば　我にも告げよ　人麻呂の塚」

この不思議なおまじないの和歌を西方に向かって三度唱えると、水死者の霊は出て来ないというのです。北海道の漁師衆も知っているおまじないで、本間さんは藁《わら》にもすがる思いで、遺体を引き上げたときには必ず、西に向かってそのおまじないを唱えることにしました。

すると、それ以降ピタリと霊は出なくなったのです。

しかし面白いことに、本間さんは霊がまったく出て来なくなったことに、しだいに物足りなさを感じるようになったそうです。

よくよく思い返してみれば、自分が勝手に恐ろしがっていただけで、出会った霊たちは口々に「ありがとう」と礼をいい、笑顔で手を振っていたからです。

「よし、こうなったら彼らの言い分をとことん聞いてやろうじゃないか」

そうして本間さんは、あるときからおまじないを唱えるのをやめ、お礼をいいに来る霊との会話を楽しむようになりました。


さらにこの話には、後日談もあります。溺死者に接した二人のライフセーバーの大学生のうちの一人にだけ、本間さんはこっそりこのおまじないを唱えるよう教え、もう一人にはわざと教えませんでした。

するとおまじないを教えなかった大学生のほうにだけ、ちゃんと霊がやってきて、この大学生を腰が抜けるほど怖がらせたのです。

後にこの話は、怖い話を集めた稲川淳二さんの本にも採用されました。


この不思議なおまじないは、和歌の言霊（ことたま）によって、水難事故で苦しむ御霊（みたま）を鎮《しず》め救済する方法のひとつです。人麻呂とは、歌人・柿本人麻呂のことで一

人麻呂や
まこと明石の
浦ならば
我にも告げよ
人麻呂の塚

説によると人麻呂の死因は、水死だといわれています。

本間さんから「人の命の尊さ」について徹底的に叩き込まれ育ったわたしは、しだいに人間の「生」と「死」の狭間《はざま》を目の当たりにする日々のなかで、「目には見えない世界」にも強く惹《ひ》かれるようになりました。

やさしい笑顔の奥には、命を守り救うことへの熱い思いがメラメラと燃えていた本間さんは、わたしの人生にもっとも影響を与えてくれた御仁でした。

命を救う仕事と死者の霊をとむらう仕事

さて、これもよく聞かれることですが、わたしの実家は神社でもお寺でもありません。

わが家は、江戸時代に越後岩船の地で岩船町大組頭をつとめ、屋号を「油屋」と称し、代々当主が「太郎左衛門」を襲名する大地主の末裔《まつえい》です。

往時は、油の製造を主たる事業にして屋敷内に油蔵・米蔵・味噌蔵・醤油蔵・質蔵などの土蔵があり、使用人や女中が働き、たくさんの小作人を抱えていました。また、船を三艘所有して漁業も営んでいました。

明治三八年に鈴木太郎左衛門が有志とともに耕地整理組合を結成し、耕地整理事業をおこない「匡済工作《きゅうさいこうさく》」としても人々の生活に寄与した旨の記念碑が村上市岩船にあります。

鈴木の家の事業が繁栄したのは、先祖代々の産土《うぶすな》神社への篤《あつ》い崇敬にあり、とりわけ大国主命（オオクニヌシノミコト）の「袋背負いの心」（ふくろしょいのこころ）を大切にした暮らしを心がけ、商いをしていました。

大国主命は、大きな袋を背負われています。わたしもこの大きな袋を背負うという心がとても大切であるということを小さいときから教えられてきました。

みなさんは、この袋の中身は何かご存じでしょうか？

金銀財宝が入っているわけではありません。この世の中のあらゆる心配ごとや、苦労、難しい問題がなかに入っています。

「できるだけたくさんの人々の苦労を背負い込むことを喜びとしなさい」という教えであり、この博愛の心・親切心こそが『袋背負いの心』なのです。

大国主命は、そんな人々の苦労がたくさん入った重い重い大きな袋を背負いながらも、不平不満や不足を一切いわず、いらだたず、いつもほがらかで柔和な笑顔を絶やさずに、誰にでも優しく慈しみの心を持って接します。

わたしは大国主命のお姿を拝するとき、現代に生きるわれわれこそ、深く学ばなければならないのではないかと思うのです。

戦後GHQにより農地改革がおこなわれ、強制的に多くの田畑を手放すことになりましたが、鈴木家のご先祖様が行動してみせた「匡済」（悪や乱れをただし、救うこと）や「袋背負いの心」（ふくろしょいのこころ）を子孫として見習いながら生きていきたいと思っています。

宝石や舶来品を輸入販売する会社を経営する父のもとに生まれたわたしは、高校はミッション系に進学しました。授業には「聖書」の時間があり、朝は讃美歌とお祈りから始まるという信仰を中心とした学校生活を過ごしました。なかでも、マザーテレサという修道女の存在は、多感な時期のわたしに多大な影響を与えました。

わが家には神棚と仏壇が共にあり、朝は祖母の柏手とお念仏、そしてお線香の香りで目覚めるという日常でした。そんななか、高校二年生のときに、大好きだった祖父が心筋梗塞により亡くなります。家の宗派である浄土宗で葬儀を執りおこないましたが、そのときに、わたしのなかでまた芽生えるものがありました。

僧侶の読経、御詠歌の鈴や鉦《しょう》の音が、悲嘆にくれるわたしの心に強く響いたのです。この世での命を終えた方を送るという役目を担う方もいるのだと、気づいた瞬間でした。

そして、高校三年生になり、進路を決める際に大いに迷うことになります。本間さんやマザーテレサのように「生死の境をさまよう人を救う仕事がしたい」という気持ちと、「尊い命を終えたあと、その方の〝みたま〟を霊界にお送りする仕事をしたい」という気持ちの狭間で揺れたのです。

「神道は命の宗教である」という言葉に導かれ

その当時、救急救命士を養成する大学や専門学校はまだなく、ようやく国がその養成に向けて動き出したところでした。ならばその環境が整うまでは目に見えない世界について学ぼう、と進路を決めました。災害・紛争・事故などで亡くなり、苦しむたくさんの「みたま」を救う宗教者になろうと思ったのです。

ただ、宗教者といっても、神職になるのか、僧侶になるのか、牧師になるのかについては、最後まで迷いつづけました。

そこで、日本で宗教者を育成するすべての大学の入学案内と願書を取り寄せ、いろいろ検討しました。そして最初に合格通知が届いたのが國學院大學の神道学科だったのです。

その合格通知を見た瞬間、「このお導きのまま行こう。これでよいのだ」と迷いがスッパリと断ち切れ、心ときめいたことをよく覚えています。

その後大学生となったわたしに、國學院大學元学長の安蘇谷正彦《あそやまさひこ》教授から「神道概論」の授業でいわれたことが一つの課題になりました。それは、教祖・教典・教義が存在しない神道ですが、「神道とは何か?」という問いに、大学生活四年間で自分なりの回答がきちんとできるようにしておきなさいというものでした。

わたしは、大学生活のなかで、その答えを日々探しつづけました。

あるとき、ＴＶ番組で偶然目にした明治神宮の外山勝志宮司（現在は名誉宮司）のお言葉に強く打たれました。


「神道は命の宗教である」


外山宮司のこのお言葉は、「神道とは何か？」について思い悩むわたしに、明解で端的な言葉として響き、心の曇りを晴らしてくれたのです。

わたしは、本間さんとの出会いを通じ水難救助の現場を目にすることによって、人の生と死を考えざるを得ない数々の体験をしてきました。

そんなわたしが求めていた、命の実体やその根源である神様に少しでも近づきたい、という想いが自身の心の底にあったのだということが、その瞬間に明らかになったのです。

その想いは、大学で学びを深めていくうちに確信に変わります。「命は神である」と。

しかし、実は自分でも驚くほど、わたしの心が満たされることはありませんでした。

後ほど詳しく述べますが、神道には教祖・経典・教義はないとする「神社神道」と、神道信仰団体で教祖・経典・教義がそろう「教派神道」があります。

わたしが大学で学んだ「神社神道」は、「神道は宗教にあらず、道である」が根幹であり、個人を救済するという考えはありません。お祭りを通して、皇室の弥栄《いやさか》、氏子の平安、国家の安泰を祈るというものです。

もちろん、「神社神道」が伝える「大和魂」（天地の神の精神と合一した心）は、今もわたしの宗教観の根本柱となっていますが、わたしは国家の安泰のみならず、一人ひとりの人間を救済できる人物となりたかったのです。

大学の学びだけではどうしても飽き足らず、教派神道、キリスト教、仏教……とあらゆる宗教の教書や書物を貪《むさぼ》るように読み、実際に学びの場、修行の場に出かけました。そして、そのときの学びと混乱が、わたしの人生をさらに変えていくことになります。

神職として奉職しながら救急救命士の道に

大学を卒業後、わたしは地元の新潟県村上市にある「西奈弥羽黒神社《せなみはぐろじんじゃ》」に神職として奉職します。

禰宜として日々つとめつつも、「直接的に命を助ける仕事をしたい」という想いもずっと消えずに残っていました。「目に見えない世界」を学んだだけでは人は救えない、という思いが日に日に膨らんでいったのです。

そしてとうとう、「目に見える生命科学の世界」も学びたい、との気持ちを抑えきれず、わたしは救急救命士の道を目指すことにしたのです。ちょうどそのころ、救急救命士の専門学校や大学が各地に設立され、救急救命士の養成がおこなわれるようになっていたというのもあります。

わたしは奉職しながら新潟市内に新設された専門学校に通い、救急救命士の資格を習得しました。そこから、今度は生々しい人生ドラマと向き合う日々がスタートします。

救急救命士として神奈川県内の病院に勤務。その後、救急救命士を養成する専門学校の専任教員をしながらさらに学びを深めるために大学院に通って修士号を取得します。そして再度、臨床（帝京大学医学部附属病院高度救命救急センター）に戻った後、後輩を育てるべく大学教員をしながら博士号を取得しました。さらにご神縁があり、先に申し上げたように、現在は千葉県にある熊野神社の禰宜として神事に奉仕する日々を過ごしています。

神職と救急救命士は、まったく異質な仕事のように見えますが、「命と向き合う」という意味において、実は密接に絡み合っているのです。

神道において「顕」（けん）とは、目に見える世界。

「幽」（ゆう）とは、目に見えない世界をいいます。

わたしにとって救急救命士は、「顕」における仕事であり、神職は「幽」における仕事です。この二つの職には、「救い」という共通点があります。

「目に見える世界」と「目に見えない世界」の両方の立ち位置から「救い」をおこない、この世を貧困、病気、戦争、災害のない平和な世の中にしていくのが、わたしがこの世に生を受けた使命だと感じています。ですから、この二つの職業を持つことに、わたしのなかではなんの矛盾もないのです。

命が消えたらどこへゆくのか ◆ 目次

第一章　「みたま」は救いを求めている

第二章　人は死んだらどうなるのか？

第三章　みたまの故郷、霊界を知る

第四章　あの世とこの世のことわり

第五章　楽しく面白く生きるのが神道の教え

第一章

「みたま」は救いを求めている

高度救命救急センターの日常

この本ではおもに「死後の世界」「あの世とこの世のことわり」についてお話をしていくのですが、その前に今、日本で起きていること、「顕」の世界、「命を救う現場」で起きていることについて先に触れておきます。わたしが勤務していた東京都内にある高度救命救急センターの日常です。


プルルルルル。

東京消防庁から高度救命救急センターに入るホットラインは、空気を一変させます。

「多治見先生、患者さん来ます」

「わかった。池田先生にも連絡して」

一気に緊張が高まり、医師、看護師、診療放射線技師、臨床工学技士等のメディカルスタッフが初療室に集結。素早く医療機器をそろえ、患者を受け入れる準備を着々と進めていきます。

救急患者専用のドアが開き、患者が搬送された高度救命救急センターは、一刻一秒を争う戦場といっても過言ではありません。

わたしは医療機関に所属する救急救命士として、大規模災害が発生した際に東京DMAT（Disaster Medical Assistance Team）の隊員としてドクターカーで現場に駆けつけます。

災害現場で傷病者の状況を瞬時に観察・判断し、医師の指示のもとに人工呼吸や胸骨圧迫による心臓マッサージなどの救急救命処置をおこない、医師に引き継ぐまでがわたしの役目です。

普通に暮らす人にとって、救急車に搬送されるという経験は、そう何度もあるものではありません。

しかし、わたしにとっては、三六五日二四時間眠らない高度救命救急センターにおいて、日常的に生々しい現場に直面し、都会の深い闇と向き合う日々でもありました。

親から虐待を受け、アザだらけで搬送された子ども。

不倫の現場で放置され、ラブホテルの浴槽で溺死した幼児。

仕事のストレスや借金の返済に行きづまり、帰宅途中の電車へ身を投げた中年サラリーマン。

家族との不仲から争いが生じ、自らお腹を果物ナイフで刺した人。

フードロスが叫ばれているなか、貧困のため餓死寸前で倒れた人。

重い持病に悩んだすえ、マンションの屋上から飛び降り自殺を図る人。

孤独や淋しさに耐えられず、自殺を図る人。

いじめを苦に自殺する子ども。

SNSで知り合い、一緒に飛び降り自殺を図った男子高校生たち……。

高度救命救急センターに搬送されてくる若者のほとんどは自殺によるものです。

事故にあう人よりも、はるかに自殺者のほうが多いのが現実です。

自殺をして搬送されてきた人のなかには、メディカルスタッフによる懸命な努力によって元気になり、退院したにもかかわらず、自殺を繰り返し、救急搬送で戻ってくる人も少なくありません。

覚醒剤などのドラッグによる薬物中毒者の搬送が増えていることも、深刻な社会問題だといえるでしょう。

また、身寄りのないお年寄りの遺体が無縁死として自治体に引き取られていくという悲しい現実もあります。

とくに現場で心が痛んだのは、事故にあった子どもを搬送すると、駆けつけた両親が、たいていその場で責任のなすり合いを始めることでした。やけどを負った子どもの両親は、責任をめぐって離婚する率が非常に高くなるという報告もあります。

その一方で、高度救命救急センターや救急外来の待合室で、搬送された患者の家族が処置中に手を合わせ、ひたすら「祈る」姿もたくさん目にしてきました。

愛する人が急病や突然の事故に巻き込まれ、生死をさまようことになったとき、何としても元気で生きていてほしいと誰もが思うでしょう。そして、その強い想いがつのると人は自然と「祈る」のです。

それは、実に純粋で清らかな行為で、そこには私欲もなく、ただただ愛する人の回復のために捧げる祈りの姿があります。それを目にするたびに、わたしは「命」の尊さを感じたものです。

「祈り」について、ノーベル生理学医学賞を受賞したアレクシス・カレル博士は、「祈りは人が生み出し得る、もっとも強力なエネルギーです。それは、地球の引力と同じ、現実的な力です。医師として、わたしは多数の人々があらゆる他の治療で失敗した後に、祈りという厳粛な努力によって、疾病や憂鬱から救われた例を目にしてきました」と述べています。

ネットで知り合った二人の高校生

さて、少し生々しい話になりますが、私が経験したさまざまな人の生死について聞いていただきたいと思います。


ある年の一二月のことです。

もうすぐクリスマス。街はきらびやかに彩《いろど》られ、行きかう人々も活気づいていました。

その日、わたしは高度救命救急センターの医局にあるパソコンで、外傷患者のデータ入力をしていました。

午後五時をすぎ、わたしはパソコンの電源を切って、そろそろ帰宅しようと考えていました。その矢先、ホットラインが鳴り響きました。

「墜落の患者です！」

子どもが墜落し心肺停止状態という一報が届きました。不慮の事故で墜落したのか？なんとしても助けなくては、と準備を開始。

ところが第二報で、子どもではなく高校生二人が墜落したと具体的な情報が入りました。

わたしたちのセンターでは、そのうちの一人の収容を承諾しました。

あわただしく救急隊員が患者を搬送してきました。

ストレッチャーに乗っていたのは学生服姿の男子高校生です。時間帯から推測するに、学校帰りであろう高校生に一体何が起こったのでしょうか。

しかし、余計なことを考える暇はありません。

——助けたい、何としても。

その一念で、スタッフが一丸となり、医師が救命処置を施しましたが、その甲斐なく、高校生は息を引き取りました。

救急隊によると都内某団地の一四階から高校生二人が飛び降りたということ、靴をそろえていたということ、遺書のようなものがあったとのことでした。

日々、若者の自殺未遂者の患者が搬入されてきます。親子・友人などによる人間関係へのストレスや破綻《はたん》、トラウマなどを抱え、誰にも相談できず、死の選択をしてしまうこともあります。

まもなく、クリスマスやお正月。街が華やぐ年の瀬に、一人の高校生が亡くなってしまいました。残された家族の気持ちを考えると胸が痛みます。家族は気づいてあげられなかった自分を責め、心に深い傷が残るからです。

その後、わたしと研修医、看護師の三人で死後のケアをしました。

少年の着ている学生服を見ると、なおさら複雑な思いがつのります。

「まだ若いのになぜだ？ 生きていれば、きっと楽しいこともあるはずなのに」

この状況について両親に連絡がついたのだろうか？ 連絡がついたならば、両親の心境はどのようなものであろうか？ しかし、わたしの目の前で高校生の死亡が確認された。もう生き返ることは、絶対ない。死は否定できない事実だった。

高度救命救急センターは瀕死《ひんし》の患者が奇跡的に回復する姿と、無念にも助からず亡くなってしまう命が共存する場所です。

救ってあげられなかった若い命。しばらく学生服の少年の姿がわたしの心から離れないでいました。

引き寄せられるように自殺の現場へ

それから二ヵ月ぐらい経ったころでしょうか。わたしは深夜、大学での明日の講義の準備をしながら、つけっぱなしのテレビ画面に何気なく目をやりました。「ネット自殺」した二人の少年の特集が放送されていたのです。自殺前日から死の直前まで交わされたメールのやり取りが紹介されていました。わたしはテレビから目が離せなくなりました。そして、気がついたのです。

「もしかしたら、あのときの……」

わたしは日時や状況などから、あの飛び降り自殺だと直感しました。あのときの学生服の少年の姿がくっきりとよみがえったのです。

二人は面識のない高校生同士。出会ったきっかけは、自殺志願者をつのるインターネットの掲示板。一緒に飛び降りてくれる相手募集の書き込みを書いた高校生に、それを見たもう一人の高校生がメールで応じたのです。二人は当日までお互いの顔も知らなかったそうです。

画面には衝撃的な内容にもかかわらず、罪の意識もなく、日常会話のようにメールの文字が続いています。「一緒に遊びに行きましょう」が「一緒に死にましょう」と文字変換されたかのごとく、まるで明日二人でどこかへ遊びにでも行くような感覚で、飛び降りる場所や待ち合わせ、死ぬ動機、遺書の話などが淡々と交わされていたのです。

わたしには、それがかえって哀しく映りました。一人では逝《ゆ》けない。誰かと気持ちを共有したい、道連れにしたい。彼らはそこまで追いつめられていたのだ、と。

われわれ、大人のすべきことは、そんな彼らの声に耳を傾けてあげることではないだろうかと感じています。彼らは極限状態のなか、われわれに向けて魂からの悲痛な叫びをあげているのです。それはまぎれもないSOS。

わたしは、彼らの心が知りたいと思い、同じ時間帯に現場への道筋をたどりました。それは彼らの慰霊のためでもあったのです。

その日は、朝からきれいに晴れていましたが、冬の空は乾燥し寒さが身にしみました。夕方、電車に乗り込むと何人もの高校生に遭遇しました。家路へと向かう車中で無心にメールをしている女子高生や男子高校生たち。彼らにもきっと友人関係など思春期の悩みはいろいろとあるのでしょう。彼らの姿に学生服の少年が重なります。


目的の駅に着き、改札を出ました。

そこはどこにでもある平和な生活風景です。ファミリーレストランもあれば、スーパーもあります。自転車で夕食の買い物をする主婦、公園では子どもたちが無邪気に遊び、散歩をするお年寄りの姿もあります。

彼らはこの道を、いったい何を考えて通り抜けたのでしょうか。

少し歩くと、高くそびえたつ団地が立ち並んでいました。

実際に飛び降りた現場は残念ながら知ることはできませんでしたが、ここにあるどこかの棟であることは間違いないでしょう。少年たちのことを思いながら、ゆっくりと歩き回ります。


ふと、そのなかで比較的人の出入りが少なく、ちょっと奥まった場所にある一つの棟が気になりました。わたしは引き寄せられるようになかへ入り、ちょうど上からエレベーターが下降してきたので、降りてきた住人と入れ替わる形でエレベーターに乗り込みました。

団地のエレベーターは、思いのほか、静かにそしてゆっくりゆっくりと上昇していきました。

この「間」というか、この「空」の時間のあいだに、彼らは何を考えていたのか。

初対面の二人のあいだで何が話されたのだろうか。

引き返すことだってできたかもしれない。

沈黙のままだったのかもしれない。

互いに心を読まれまいと、苦笑してみせたのかもしれない。

誰にもいえない悩み、真面目であるがゆえに深く苦しんだ少年たち。

もし途中で誰かが乗ってきたら、彼らの行動はまったく別のものに変化したのかもしれない。

今回は見送ろう、そんな思いが湧き起こったかもしれない。

そうあってほしかった。

そうして、最上階に着くと想像以上の高さを実感しました。足がすくむような高さで、相当な覚悟がないと実行できなかったでしょう。

そして、人の気配もほとんどない寂しい場所です。

一四階から下を覗《のぞ》いてみました。

もしここから落ちたのだとしたら、本当にやりきれない。

わたしは、最上階で彼らを思っていたのです。


——学生服の君へ。

死んで終わり、ではないよ。

君の謎の死は、これほどの社会問題にもなっている。

君の死をみんなが引きずり、大きな課題を残しているんだよ。

君がいなくなったことで、君の悩みや苦しみは消えても、残された人々にまた違う苦しみや悩みが消えずに残っている。

君の死は、現在進行形なんだ。君に関わった一人の大人として深く刻んでおく。

わたしは、エレベーターで階下に降り、住民の方々に迷惑がかからぬよう、目立たない場所を探しました。お米、お神酒《みき》、お塩、お水をお供えして、神職でもあるわたしは、二人の「みたま」の慰霊祭をおこない、彼らに誓ったのです。このような悲劇が二度と起こらないように、救急救命士の卵を育てる教育現場で訴えていくことを。

K看護師長からの手紙

ある夏、新潟県の瀬波海岸で水難事故が起こりました。「男性が溺れた」という連絡が入り、本間さんとわたしはすぐさま海岸へ向かいました。

現場では、先に到着したライフセーバーたちによって海から引き上げられた男性に、心《しん》肺蘇生《ぱいそせい》がおこなわれていました。

心肺蘇生を施しているのは、たまたま居合わせた女性でした。

その女性から本間さんとわたしに心肺蘇生を交代。しばらくして、なんとか心臓が動きはじめました。その後、到着した救急隊員に心肺蘇生が引き継がれ、救急車で病院に搬送されました。しかし、残念ながら帰らぬ人となったのです。

溺死した男性は、群馬県から家族四人で海水浴に来ていた若い父親です。

新潟県村上市の瀬波温泉海水浴場は砂浜に併設して温泉街があり、「温泉に入って、すぐ海に入れる」をキャッチフレーズとする海水浴場です。

お母さんはお風呂へ、お父さんと二人の子ども（男の子一人、女の子一人）は海で遊んでいたそうです。

お父さんは、群馬県からの長距離運転で温泉宿にチェックインを済ませ、乾いた喉を潤《うるお》すために冷えたビールを飲んで海に入ったことが、警察の現場検証によって明らかになりました。

また、心肺蘇生をしていた女性は、順天堂医院看護部のK看護師長でした。夏季休暇でご家族で瀬波温泉を訪れ、海岸でのんびりしていたときに起きた事故だった、とのことです。

本間さんは後日、感謝の思いをしたため、K看護師長に手紙を出されました。すると数日後、ていねいなお返事がわたしたちのもとに届いたのです。

その手紙の一部をご本人の承諾を得て紹介いたします。

前略

お手紙ありがとうございました。八月一九日の事故は悲しい結果となり、わたしもライフセーバーの方と同じように、救命できなかったことに対する医療者としての無力感と、あのとき、救急車のなかに乗って、もっと積極的に関わるべきだったのではないか、でも、出すぎた行為をして救急隊の方に迷惑をかけても……とさまざまなことを考えました。

院外でどのような活動をするのかが問われていると思います。

一番気になっているのは、現場にいたご長男のことです。父の死にゆく場面を目のあたりにして、一人で現実を受け入れられなければならなかった心理を考えると、将来的に心の傷を引きずるのではないか、何か手助けはできないかと思うのです。

自分も同じような年齢の子どもを持つ母親として、辛くなってしまいます。

ライフセーバーの方たちは、本当によくやったと思います。まったく動揺しているようには見えませんでしたし、とても冷静に誠意と熱意を持って懸命に心肺蘇生をしていました。あの場で最大限の努力をしていらしたし、涙を流していたのは、使命感と責任感の強さだと思います。

海はプールと違って救助も大変な努力と労力です。三〇年もこのお仕事を続けていらっしゃる本間様には敬服しました。

ライフセーバーの方たちも本間様の指導が浸透しているのでしょう。他でも見たことがないほど、きちんとしていらっしゃいました。

わたしも今回のことで、このような素晴らしい活動をしている方たちがいることに感銘を受け、部下や仲間たちに、医療者でもなかなかできないことを立派にしている方がいる。わたしたちももっと頑張ろうという話を機会あるごとに話しております。

八月二〇日、瀬波温泉海水浴場の海浜管理事務所の解散式をしているのをホテルの窓からのぞいておりました。頑張ってくださいと一言いいたかったのですが、主人からそれこそ迷惑だろうと止められ、翌二一日に帰京しました。

偶然とはいえ、皆様と出会うことができ、視野が広がりました。たくさんのことを教えていただき、わたしのほうこそ、お礼をいいたかったので、お手紙は本当にうれしかったです。

K

わたしは、このお手紙を拝読し、大きな気づきを得ました。

自分には、目前の命を救うことに集中して冷静にまわりを見て配慮するという〝看護の心〟が欠落していたことに気づいたのです。成人の胸骨圧迫による心臓マッサージは、胸を五センチも強く速く絶え間なくへこませる処置です。この処置のすべてを子どもに見せてしまったということは、子どもの心理を考えると、今でも大変後悔しています。

医療専門職は、命を救うだけではなく、相手の立場に立ってものごとを考える習慣がもっとも必要である職業であることを身を持って痛感しました。

その出来事から、わたしは災害弱者（「子ども」「障害者」「高齢者」「慢性疾患者」「妊産婦」

「旅行者」「外国人」をさします）と呼ばれる方々のなかで、とりわけもっとも弱い、小さな子どもの命を守りたいと強く思うようになりました。

そこで救急救命士の仕事をしながら、大学院の児童学研究科にも進み、子どもの心や発達について学びました。医療行為や宗教だけでは救えない心の問題を、児童発達学という切り口からもわかっておきたかったのです。

大学生の悲しい夏休み

わたしは新潟の実家に帰省中も、大好きな夏の瀬波海岸に通い、赤十字の海岸救護所でボランティア活動をしていました。

この日も無事に赤十字ボランティアを終えて、自動車で五分の自宅へ帰りました。冷蔵庫から冷えた麦茶を取り、一飲みして、クーラーの効いた茶の間に入り、横になり少し眠ろうと目をつむりました。一日中炎天下での活動はさすがに疲れるものです。

その瞬間、枕元に置いた携帯電話が鳴りました。ライフセーバーからの着信です。

「もしもし、水難事故です！　海のなかでいなくなりました。われわれも捜索します、鈴木さんもすぐに来てください！」

疲れも吹き飛び、あせる気持ちを落ち着け、すぐさま自動車に乗って現場に向かいました。

現場はヤジ馬でいっぱいです。

仲間のライフセーバーたちは、すでに水中捜索をはじめていました。わたしは、海には入らず陸で待機して、溺者の心肺蘇生の準備をしていました。行方不明者は、山形県の二一歳の男子大学生。大学のサークル仲間で夏の新潟の海に遊びに来ていたのです。

「先輩！　先輩！　先輩！」

サークル仲間であろう若者が海に向かって半狂乱になり叫びつづけていました。

水中捜索が二〇分を経過したころでしょうか。

「おい、こっちだ！　いたぞ！」

日本海の夕日が沈みかけ薄暗くなった海岸に、発見したとの声が響きわたりました。

水面からローソクのような真白な身体が現われました。水没から二〇分以上経過していま す。厳しい状態です。しかし、助かってほしいと願わずにはいられません。

わたしは、陸に引き上げられた溺者に心肺蘇生をおこないました。

「息を吹き返してくれ……」

すでに到着していた救急車に車内収容。わたしはその間も心肺蘇生を続け、サークル仲間の大学生とともに救急車に同乗して医療機関に緊急走行しました。

「先輩！　先輩！　目を覚まして！　返事してくださいよ！」

後輩の願いと叫び。

「目を開けてくれよ……先輩、先輩」

彼は激しく動揺して、涙を流し、震えながら呼びかけていました。わたしは、胸骨圧迫による心臓マッサージをおこないながら、後輩である彼に声をかけたのです。

「いま全力を尽くしているからな」

すると不思議に後輩の嗚咽《おえつ》がおさまり、少し落ち着きを取り戻しました。声をかけるというケアは、まわりの人の「心の薬」になるということを体験したのです。

言葉には力があり、その力を「言霊」（ことたま）ということは、神職として知ってはいましたが、このときほど言葉の力を実感したことはありません。

「この後輩たちのためにも、お願いだ、息を吹き返してくれ……！」

救急車は病院に到着。院内収容後も引き続き救急隊員とわたしで心肺蘇生を続けていました。その間、看護師は気管挿管の準備にとりかかっていました。準備が整うとすぐに医師が気管チューブを挿入しました。

除細動による電気ショックや薬剤投与をおこない、心拍は再開しましたが脳死状態でした。

山形県から両親が向かっているとの情報を受け、救急隊とわたしは病院を後にしました。

明け方、若くして二一歳の大学生はこの世を去りました。

いつもより朝早く目覚めたわたしは、新聞を通じて、この残念な結果を知ることになりました。

夏の海の楽しみの裏側には、つねに危険という悲しみのリスクが存在しています。

「先輩！　先輩！」と泣き叫んでいた後輩の声が、いまだわたしの胸に離れないでいます。

お祭りの夜に起きた悲劇

涼しい秋風を肌に感じ、季節が夏から秋に変わる毎年九月三日から四日にかけて新潟県村上市では西奈弥《せなみ》神社の大祭がおこなわれます。

大祭では「おしゃぎり」と呼ばれる屋台が五台曳き出されます。

祭りのクライマックスは、九月四日の二〇時ころに坂の下に集合した「おしゃぎり」が、男衆による勇ましい声で「木遣《きや》り唄」を唄った後、鉦《かね》太鼓を打ち鳴らしながら坂の上の神社めがけて坂を威勢よく駆け上がるのです。その光景を見るために多くの人が見物に訪れていました。

わたしもお祭りの見物をしていた一人です。そして、一番屋台が坂を威勢よく駆け上がるなか、わたしの目の前で事故は起きたのです。

坂を威勢よく駆け上がる最中に、男子高校生がバランスを崩して転倒。その身体の上を総重量約一トンもある「おしゃぎり」が通過して、轢《ひ》かれてしまったのです。

身体が轢き潰《つぶ》される、異様な音が路面を伝わり鳴り響きました。わたしは、すぐに駆けつけて身体観察をおこないました。屋台はうつ伏せになった男子高校生の腰、背中、頭部を轢いて通過したようです。頭蓋骨は潰れ頭部からのおびただしい出血がみられ、あたりは血の海になっていました。

「呼吸なし」「脈なし」

たまたま、屋台見物に来ていた非番の消防官が居合わせたので、わたしと二人ですぐに心肺蘇生を開始しました。

「蘇生してくれ！」

「これからまだまだやることはたくさんある、若い命だ！」

消防官が胸骨圧迫による心臓マッサージをおこない、わたしが人工呼吸を続け、救急車の到着を待ちました。

「一、二、三、四、五、六、七、八、九、一〇……」と胸骨圧迫がされるたびに、潰された肺からの血液が男子高校生の口から噴き出してきます。

わたしは、傷病者にタオルをあてて、生温かい鮮血が滲んでくるタオルに口をつけて人工呼吸をおこなったのです。そのころは、感染という意識が今より低い時代でしたので口対口の人工呼吸がおこなえたのです。

野次馬がたくさんまわりを囲んでいましたが、お祭りの関係者によって群衆整理がされていました。救急車が到着、心肺蘇生を救急隊に引き継ぎました。

気がつくと、わたしの衣服が血まみれになっていました。

わたしは、事故現場前の家の方から、日本酒とお塩を準備していただき、その場を祓《はら》い浄《きよ》めさせていただきました。無我夢中で目の前の命に向き合い、心肺蘇生をおこなった後の時間感覚や空間感覚がいつもと違う、とても不思議な空気感に包まれていたのを覚えています。

男子高校生の容態が気になりながら、翌朝の新聞に目を通して男子高校生の死亡を知ることになったのです。

日本各地に伝わる祭りの魅力を紹介するテレビ番組などでも取り上げられる、村上市の瀬波大祭ですが、にぎやかなお祭りの陰では、そんな事故もあったのです。

羽黒山で出会ったある修験者

山形県鶴岡市に鎮座する出羽三山神社で、毎年八月下旬から九月初旬までの七日間おこなわれる「秋の峰」という修行に、わたしが入峰したときの出来事です。

「秋の峰」とは、羽黒山伏を養成するための山籠もりを中心とする修行であり、修験者としての資格を得るための儀礼でもあります。当時大学生だったわたしは、羽黒山の修験道の修行に入ることを決意して行に臨《のぞ》みました。

修行の前日、それぞれの住む地域によって指定された宿坊に泊まります。今回の「秋の峰」に入峰する同じ宿坊の修行者は、わたしを含めて二人でした。

入峰の前日、宿坊に到着。宿坊の奥様にご挨拶をすると、すぐに部屋に案内されました。部屋には、すでに到着されていたもうひとかたが休んでおられました。

「はじめまして。鈴木です。よろしくお願いします」

「こちらこそ。よろしくお願いします」

白髪で長い白髭《しろひげ》をはやした、いかにも行者といういでたちの高齢の方でした。


「わたしは、お風呂を済ませましたので。どうぞ」

「ありがとうございます。では、お風呂をいただいてまいります」とわずかな言葉を交わしてお風呂に行きました。

お風呂から上がり、宿坊の精進料理をいただきました。部屋に戻り、明日からの修行に備え布団に入り、わずかな会話をしながら、お互い知らぬ間に眠りについていました。


その方は、わたしが目覚めるとすでに何やら準備をしていました。

朝食の準備をしてくださった、宿坊の奥様と白髭の行者さんとわたしは、他愛のない会話をします。

「おはようございます。昨夜はよく眠れましたか？」

「ええ。よく眠れました」

「鈴木さんは？」

「はい。わたしもよく眠れました」

「さあさあ、朝ごはんをどうぞお食べください。ごはんとお味噌汁のおかわりもありますから。遠慮なくどうぞ」

朝食を済ませると、行者装束に着替え、いよいよ宿坊から出発です。

羽黒山に向かうための二四四六段の石段を行者たちが長い行列を組んで、一段一段、進んでいきます。

しばらくすると、順調に進んでいたはずの行列がいきなり止まりました。

「どうしたんだ？」

どうやら前のほうで何か起きたようです。列の前の人に問いました。

「人が倒れたみたいだ」

わたしは、列から抜け出して前に急いで駆けつけました。

石段で倒れていた方は、なんと昨晩わたしと寝食を共にした、あの白髪で長い白髭をはやした行者さんでした。


「ついさっきまで、元気にぼくと話をしていたのに……」

ショックを受けつつも、冷静な自分を取り戻します。

「狭心症だ！」

昨夜、布団に入り、話していたことを思い出したのです。

「ぼくは、狭心症で、ニトログリセリンを持っているんだよ」

近づいて、すぐさま呼吸と脈拍の確認をしました。

「呼吸なし」「脈なし」

神社の担当者に「一一九番通報してください」と依頼しました。

そばにいた行者さんに人工呼吸をしてもらい、わたしは胸骨圧迫による心臓マッサージをおこない、救急隊員の到着を待ちました。救急車のサイレンが聞こえてきましたが、救急車が山の下に到着しても、そこから石段を歩いて登ってくるにはさらに時間を要します。

「まだ、来ないのか！」

時間が刻々と経過していきます。はやく病院へ搬送しなければ……。あせる気持ちを抑え、汗だくになりながら心肺蘇生を続けていきました。

ようやく救急隊三名が担架や資機材を持ち石段を登ってきました。

救急隊員に心肺蘇生を引き継ぎます。

「では、心肺蘇生を交代します」

「お願いします」

他の行者は、われわれに任せて修行のために羽黒山目指して山に登っていきました。

わたしは、付き添いのため下山して救急車に同乗、搬送先の鶴岡市立荘内病院に向かいました。

白髭の行者さんの無事を祈り、ひたすら待ちつづけるわたしに、医師からは死亡が告げられました。

「こちらへ、どうぞ」

と看護師から案内されたのは、霊安室。

神社関係者が到着するまで、霊安室で二人きりの時間を過ごすことになったのです。

たった一晩ですが、その行者さんと交わした会話を思い出します。

「人が死ぬのは、本当にあっけない。昨日から今日の朝まで共に過ごした時間には、どういう意味があるのだろうか？　命とはなんだろう？」

次から次へと疑問が生まれてきます。

家族でないわたしが、霊安室という密室で遺体の目の前にいるという現実。

同じ時空間を共有しているという不思議な体験から、〝時と命〟について深く考えることになりました。

ちなみに修験者となるために意気揚々と修行に入ったものの、修行開始からわずか一時間もたたないうちに下山することとなったわたしに、大学生で修験者になるという道は閉ざされてしまったのです。

高度救命救急センターに搬送された人々

ドラマなどで取り上げられる高度救命救急センターは、俳優たちが救急医や看護師の役を見事に演じ、一見華やかな職場に映ります。

しかし、実際の高度救命救急センターの日常では、社会の闇や人間の裏側を見ることになるのです。

紙に表と裏があるように、世の中にも普段では見えない世界があります。

数ある臨床経験のなかでも心に残ったいくつかの事例をお話ししたいと思います。

殺伐《さつばつ》とした都会は、潤いがなく砂漠のように飢え乾いています。そこに住む人たちの心もまた砂漠のように乾いています。高度救命救急センターには、砂漠のように乾いた心の人たちが事件や事故でたくさん搬送されてくるのです。

子どもを連れた女性がラブホテルで不倫相手との情事のために、子どもをラブホテルのお風呂場で遊ばせていました。

行為を終え、母親がお風呂に子どもの様子を見に行くと、わが子が浴槽で溺れていたのです。あわてて一一九番通報をして救急車の要請をしたものの、子どもは心肺停止からかなりの時間を経過していたため、搬送された高度救命救急センターの医師による懸命な処置の甲斐もなく、残念ながら幼い子どもの命は失われ、この世を去っていきました。

母親が子どもにすがりつき、いくら泣いても叫んでも、けっして失われた〝小さな子どもの命〟が戻ることはありません。

また、愛と憎しみは紙一重という言葉があります。

大好きだった人への気持ちが、自分でも気づかないうちに憎しみに変わってしまったという事件もありました。

二〇代のカップルのあいだで起こった出来事です。

きっとそれまでは、食事や映画館、ドライブと数々の楽しいデートの思い出がたくさんあったことでしょう。

ある日の高度救命救急センターに、ホットラインを通じて東京消防庁の災害救急情報センターから連絡がありました。

院内収容後に受けた救急隊員からの状況報告によると、そのカップルはささいなことで、口論となったそうです。怒りがおさまらなかった彼氏は、彼女の上半身に灯油をかけライターで火をつけてしまいました。

炎は彼女の顔面、胸部、右手、右前腕、右上腕、左手、左前腕、左上腕を一気に駆けめぐり、女性は大やけどを負い搬送されてきたのです。

若い女性の顔に大やけどをさせ、傷跡を残すという卑劣極まりない事件を目の当たりにして、人間とはなぜこんなにも愚かなのか、という想いとともに、激しい怒りが心の内からこみ上げてきたのを覚えています。

かつてはお互い愛しあっていたであろう二人が、最終的にこのような悲劇の結末を迎えて恋愛を終了することになるとは、誰も想像しなかったでしょう。

「あなたが愛した彼女が、鏡で自分の顔や姿を見たとき、どんな気持ちになるのか、考えてみろ」

という怒りがふつふつと湧いてきました。

その日は、気持ちが重い一日となりました。そして、宗教者である神職として、考えをより深めていくことになったのです。

生活保護の不正受給が社会問題とされていますが、生活保護と医療費について考えさせられることもありました。

東京消防庁災害救急情報センターからのホットラインが、鳴り響きました。男性の心肺停止患者の受け入れ要請です。受け入れを了承し、一五分で到着するとのことで、準備を進めていました。

救急車が高度救命救急センターに到着。救急隊が現場から継続してきた心肺蘇生を引き継ぎ、医師や看護師による治療が開始されました。医師の迅速な診断によって短時間で治療方針が決定し、救命を目標にメディカルスタッフがチームとなって医療が進められていきます。

幸い、治療が功を奏し、男性は心拍を再開して蘇生に成功しました。しかし、救急隊からの申し送りを報告されて複雑な想いに駆られることになります。

男性が心肺停止になった場所は、なんとソープランド。

目撃者は風俗嬢です。男性は生活保護受給者であり、この日は生活保護の受給日でした。そのお金を持参してソープランドを訪れ、心肺停止になったというのです。

生活保護費の使い道について、わたしがどうこういえる立場にありません。しかし、経済的に困窮する国民に対して国や自治体が、健康で文化的な最低限度の生活を保障する公的扶助制度が生活保護です。

看護師から奥様に、ご主人が心肺停止となり病院に搬送され、治療によって蘇生した旨を電話で伝えました。

連絡を受けた奥様はすぐに病院に向かうとのことでした。しかし、病院に来て主治医からご主人の心肺停止になった場所が、まさかソープランドであると告げられることになるとは……。

奥様の心の内を察すると、何ともいえない気分になりました。

生と死の狭間で生まれたジレンマ

ここで少し、わが国に救急救命士制度が取り入れられた経緯についてお話ししましょう。

「パラメディック」という言葉をご存じでしょうか？　テレビドラマの『ＥＲ』などで耳にされたことがあるかもしれません。

パラメディックとは、「パラシュートで飛び降りて、医療援助をおこなうように訓練された兵士」のことをいいます。戦場で、ケガをした味方の兵士がいるという連絡を受けると、すぐに飛行機かヘリコプターで現場に出かけ、パラシュートで飛び降りて治療をおこないます。

もともと衛生兵（メディック）制度はあったのですが、重傷の兵士は、血を止めたり包帯を巻いたりするだけでは命を救えませんでした。もっと高度な医学の知識や医療技術を特別に教育する必要があったのです。

そこでベトナム戦争において生まれたのが、米軍のパラメディック制度でした。パラメディックの「パラ」には、「そばに」「横に」という意味があります。戦いの現場に出向き、ケガをした兵士に応急処置を施し、医療行為をしながら後方の野戦病院まで搬送する仕事をしたのが、パラメディックの人たちでした。

ベトナム戦争終結後、帰還兵の雇用問題が米国で問題となり、平時にパラメディックを活用する策として、救急車にパラメディックを乗車させることになったのです。

アメリカのパラメディックがおこなっている、救急車が病院へ到着する前の段階で医療行為をおこなうしくみを「病院前救急医療体制」と呼びますが、この体制が日本でも取り入れられるようになったのは、実は平成に入ってからです。

たとえば、誰かが病気またはケガをしたとします。一一九番通報しても、救急車が到着するまで全国平均で約八分かかります。

それから病院へ搬送するのでは、容態が急変する恐れもあります。

救急車のなかで医療行為ができれば、命が助かる場合は多数あり、この救急救命処置をおこなえるのが「救急救命士」です。

それまで消防機関が運用する救急隊は、病人やケガ人を病院へ「搬送する」のが仕事でした。懸命に活動する救急隊員が揶揄《やゆ》されて「運び屋」と呼ばれていた時代があったのです。

それでは救命率を高めることができないと国民世論が高まり、一九九一年（平成三年）四月に「救急救命士法」が成立。同年八月に施行。救急救命士国家試験に合格した者だけが、厚生労働大臣の免許を受け、救急救命士法に基づき、救急救命処置をおこなえるようになったのです。


わたしは意気揚々とこの職に就いたものの、そこにあったのは、前述したとおりの過酷な現実でした。あまりにも粗末にされている命。そして、必死の救急・集中治療の甲斐なく、自分の目の前で消えていく膨大な数の命……。

現実と理想の狭間で、わたしはやるせない気持ちをどこにぶつけたらいいのかわからず、長くもがき苦しみました。なかなか眠れず、浅い睡眠を取れても、歯を強く噛み締めたまま眠っていたのでしょう。すっきり目覚めることはなく、頭痛や肩こりに悩まされ、全身の倦怠感が抜けない日々でした。

そんなとき、わたし自身を救ってくれたのが不思議な夢で見せられた「中間生記憶」です。わたしがこの世に生まれた意味を、何度も何度も夢のなかで、はっきりとしたビジョンで見せられるのです（このことについては、第四章で詳しく述べます）。

また、宗教者としての自分に立ち返ることで、しだいに自分を救えるようになりました。「人は神の子」という原点に戻れば、あくまでもわたしは、患者さんが生きるための手助けをさせていただいているのだと思えるようになり、感情的にならず職務を遂行できるようになりました。

そして、救急救命士として患者さんと向き合うときでも、必ず心のなかで手を合わせて神語（しんご）を奉唱し、祈りを捧げてケアにあたることにしたのです。

高度救命救急センターを退職した今も、わたしは折りに触れ、高度救命救急センターと大学病院全体で亡くなった無縁者の慰霊をおこない、「みたま」の救済をおこなっています。

わたしと関わりのあった患者さんの「みたま」や、大学医学部附属病院高度救命救急センターで身元の引き受けもなく亡くなられた方、土地・病棟にゆかりのある諸々の神霊に対して慰霊祭をおこなうのです。

「死んだ」という自覚がなく、土地や建物に地縛する「みたま」たちの慰霊をおこない、霊界に進めるようお手伝いをさせていただいております。これを「救霊」といいます。

あらかじめお伝えしておきますが、わたしはあくまでも神職であり、いわゆる霊能者ではありません。ただ、その場その場において、何が必要とされているのか、穢《けが》れや邪気には敏感であり、どんな救いを求めておられるのかだけは自然とわかります。

普通とは違うものを感じる能力は鋭いと思います。

祈りを捧げ、救霊やお祓いをさせていただくと、明らかにそのあたりの気が浄《きよ》らかに清々《すがすが》しく変わるのがわかるのです。

第二章

人は死んだらどうなるのか？

目に見えない世界との仲介役として

神職であるわたしには、大都会の喧騒《けんそう》を離れて、神社の清掃や社務、お祓い修行、禊行《みそぎぎょう》で身心を清めるという信仰生活もあります。

高度救命救急センターの勤務を経て、救急救命士の後輩を育てるべく大学に籍を移したタイミングで、ご神縁に導かれるように、千葉県長生郡に鎮座《ちんざ》する熊野神社の神職であり、元ＮＨＫアナウンサーである宮田修宮司からお声かけいただき、奉職先を転籍いたしました。

「神職」の仕事はいろいろありますが、なかでも毎日欠かさずおこなうのが、朝のお祭りである朝拝です。神様の朝食である朝御饌（あさみけ）をお供えし、皇室の弥栄《いやさか》と国家の安泰、氏子共同体の繁栄と氏子の平安をお祈りします。

夕方には、神様の夕食である夕御饌（ゆうみけ）をお供えして、今日一日を無事に終えることができたことに感謝の祈りを捧げます。だれしも一日の生活を通じて罪穢《つみけが》れを生じない人はいません。氏子の罪穢れや氏子共同体で生じた罪穢れを祓《はら》い浄めるのが夕拝です。

日中は境内の清掃やお札の奉製、社務をおこないます。参拝者がお越しになれば祈願対応をします。

子どもが生まれたら「お宮参り」。

三歳、五歳、七歳になったら「七五三」。

二〇歳になったら「成人式」。

八八歳の長寿を祝って「米寿」。

念願のマイホームを新築するときの「地鎮祭」など、人々の人生の節目に沿い、地域に根づいたお祭りも神職が執りおこないます。

ときには、悩み苦しむ人に救いの手をさしのべて、助言や「よろず相談」のようなことも致します。神社に参拝に来られる方々のさまざまな願いを聞いて、神様にお取次ぎするという、目に見えない世界との仲取り持ちのお役をさせていただいているのです。

皆さんもときには、ふるさとの神社に参拝して神様と祈りを通じて向き合い、鎮守の杜《ちんじゅのもり》にたたずむ時間をお過ごしください。

小鳥のさえずりや小川の流れに耳を傾け、草花の香に触れ、田園風景を眺めてみてください。

日本人が大切にしてきた「すべての命に感謝して慈しむ心」を思い出していただけることでしょう。その心を「大和心」といいます。それは、今もみなさんの心のなかに脈々と生きて、受け継がれているはずです。

わたしも病院勤務、大学教員としての日々のなかでは、大変なストレスとともにあり、体重増加、過食、下痢、肝臓の異常値、花粉症の悪化……と免疫力が低下して倦怠感が抜けない苦しみがありました。ですが、東京と千葉の神社を行き来するなかで、生命力が活性化していくことを体感しています。

神道と死の世界

前述しましたが、神道には、教祖・教典・教義がないとする「神社神道」と、神道信仰団体で、教祖・教典・教義がそろう「教派神道」があります。

この「神社神道」と「教派神道」という区別がなされた経緯は、明治時代にさかのぼります。宗教問題というよりは宗教を対象とした政治問題と考えたほうがいいかもしれません。

明治政府は廃仏毀釈《はいぶつきしゃく》により神仏を分離させ、「神道国教化」を強力に推進しました。それにより「国家神道」が興ったのです。政教分離のために、古来より神とともにあった身近な神社そのものを、「非宗教」と位置づけたのです。

一方で、それまで多くの国民を救い、教義を説いてきた神道の一派を「教派神道」という宗教団体に認定しました。

「黒住教」「神道修正派」「出雲大社教」「扶桑教」「實行教」「神道大成教」「神習教」「御嶽教」「神道大教」「禊教」「神理教」「金光教」「天理教」が教派神道に属する十三派です。

戦後、これらの団体は教派神道連合会を結成し、その後、「大本」が加盟しました（昭和三〇年に天理教は脱退）。

どの教団の教祖様も、選ばれし「みたま」として神様から霊能力をいただき、迫害や弾圧にあいながらもそれぞれの立ち位置から神様の御教えを布教されました。明治期から続く日本の混乱期、つねに人の悩み苦しみに身を寄せてきたという歴史があります。

その御教えについては、神懸《かみがか》りや自動書記による半紙十万枚に及ぶ「お筆先」が綴《つづ》られるなど、「御神書」や「御神歌《ごしんか》」という型で多く残されています。

とくに「大本」の教祖・出口王仁三郎《でぐちおにさぶろう》氏は霊界へ出入りをし、その霊界探訪の様子を『霊界物語』八一巻に口述筆記しています。

わたしは学生時代から今に至るまで、この『霊界物語』を繰り返し読み、学びつづけています。あの世とこの世のことわりが、見事に記されており圧倒されます。

神社神道と教派神道は、「非宗教」か「宗教」であるか、「救済をおこなう」か「救済をおこなわない」か、などの線引きが長くありましたが、戦後、神社神道も宗教法人法の枠で宗教団体となりました。

今も神職は、僧侶のように積極的に教えを説くことをしません。その理由はこの歴史にあります。

「神道は、宗教にあらず、道である」という考え方が根強く残っており、神社は現世的な儀式だけを重んじ、死後の世界を人々に説き、死への恐怖を取り去り安心感を与えることを放棄してきたのです。

ですから、「神社神道」では「死後の魂はどこへゆくのか？」について、神道教学上において定まったものはありません。各神社や地域性、神職の考えによるところが大きいというのが現状です。

人は寿命を終えると帰幽する

ここで、少し神道の「弔い」と「あの世」についてもお話をしましょう。

神道においておこなわれる葬儀を「神葬祭」（しんそうさい）といいます。葬儀といえば、仏教をイメージする方が多いでしょう。今日の葬儀の大半は仏葬でおこなわれていることを考えると無理もありません。

しかし、『古事記』や『日本書紀』には、奈良時代以降の仏教渡来以前からわが国固有の葬儀の作法が存在していたことが書かれています。

『古事記』によると、天若日子（アメノワカヒコ）の葬儀の際、父の天津国玉神（アマツクニタマノカミ）が喪屋（ご遺体を安置するための家）をつくり、鳥たちに「もがり（殯）」の準備をさせたそうです。

天と地を自在に飛び交う鳥は、古くからあの世とこの世を結ぶ力を持つと考えられ、死者の霊魂は鳥によって運ばれると信じられていたのです。

地方によっては、葬儀の際、白鳩などを飛ばしたりすることがあります。

大阪の鶴見神社宮司の花谷幸比古氏は、著書『古神道　死者の書』で古代出雲人のあいだには、鳥が葬式に奉仕する思想があり、鳥葬の儀式があったのではないだろうかと推測し、死ぬと他界から霊的な海の鳥、河の鳥、野山の鳥がやってきて、魂を迎えに来ると考えていたと述べています。

また、葬式を営む鳥たちが葬列の所役をつとめる神話について、作家の戸部民夫氏は、著書『日本神話』において古代の農耕儀礼を反映したものであるといい、天若日子（アメノワカヒコ）という神様の本性は稲の霊（穀霊）であり、穀霊は秋に死んで春に再生するといいます。そこから農耕儀礼においては、穀霊の死を悲しむとともに新たな復活をうながす呪術がおこなわれ、人々が鳥に仮装して踊ったりする動物舞などもおこなわれたと述べています。

お通夜は、「もがり」の名残りだといわれています。家の継承者である嫡男が床を並べて添い寝し、嫡男の肉体に霊魂を引き継ぐという風習が今も残っているところがあります。ですが、時代とともにその形は簡略化され、現代は御灯明を絶やさぬよう、遺族が寝ずにご遺体につき添うことが一般的でしょう。

また、「もがり」は死者がよみがえることを願うとともに、生への思いを断ち切って、「あの世」に送る儀礼でもあります。

命を終える瞬間を、神道では「死ぬ」という言葉ではなく、「帰幽（きゅう）」「お国替え」「身去る（みまかる）」「形を脱ぐ」「お隠れになる」などといいます。

人は帰幽しますと、肉体という形を脱ぎ、いよいよ霊魂（みたま）のふるさとである

「お国替え」をします。死後の世界を「幽世」（かくりよ）といい、霊界のことをさします。
他にも古典をひもときますと、「高天原」「日之若宮」「天津御国」「綿津見神の宮」「黄泉（よみ）の国」「根の国」「底の国」「常世郷（とこよのくに）」「妣（はは）の国」など、古代日本人が名づけた死者が赴くべき世界の名称がたくさんあります。「黄泉の国」とは夜見の国、ヨモツ（夜持つ）国ともいい、「黄泉」の語源は「闇」であると考えられ、暗黒の世界、見えない世界をいいます。

わたしは人が亡くなって赴くべき世界である「霊界」に興味を持ち、まずは宗教者になりました。そして、救急救命士として現実の命を救う最前線に身を置き、そこで、あまりに凄惨な死をとげる人々をたくさん見つづけたことで、「この世」と「あの世」のことわりへの探求を深めざるを得なくなったのです。興味という範疇《はんちゅう》をいつしか超えてしまった、という表現が一番しっくりきます。

そしていつのころからか、わたしは、これまでの経験と有識者の伝承叡智や教派神道の教祖が記した御神書、民間伝承を頼りに学んだことを通して「命の尊さ」と「あの世とこ

招魂に従事する巫女

川雁〈かわかり〉を岐佐理持〈きさりもち〉（葬送のとき、死者の食物を頭にのせて運ぶ役）、鷺〈さぎ〉を箒持〈はきもち〉（葬儀の際の穢れを祓い、墓所の掃除のために箒を持つ役）とし、翡翠〈かわせみ〉を御饌人〈みけびと〉（死者に備える食事を調理する役）として、雀を碓女〈うすめ〉（米を搗〈つ〉く役）、雉〈きじ〉を哭女〈なきめ〉（葬儀のときに哀れみを添えるために雇われて泣く役）として、八日八夜〈ようかやよ〉のあいだ、死者に食物を捧げ、歌舞により、死者を慰めたとされています。

の世のことわり」について、いろいろなところでお話をさせていただくようになりました。

そのなかで、一番多く尋ねられるのが、「人は死んだらどうなるのか？」です。それでは、これからそのお話をしてまいりましょう。

この世の者ではなくなるとき――「顕世《うつしよ》」から「幽世《かくりよ》」へ

実はわたしが霊界のお話をさせていただくようになったのには、もう一つ理由があります。

大学病院を退職してから、神職として神葬祭（神道によるお葬式）を執りおこなうことが増えたのですが、その際、これからおこなう儀式にはどういう意味があるのか、弔うとはどういうことなのか、亡くなられた方がこれからどのようにして「幽世」へ向かわれるのか……、そういったお話をご遺族や、参列者にお伝えしてから葬儀をおこなうのと、そうでないのとでは、ご遺族の心持ちがまったく違うことに気づいたからです。

後ほど詳しく述べますが、神葬祭は海川山野の御神饌（ごしんせん）を祭壇に飾り、神職は大祓詞（おおはらえことば）や祭詞（さいし）をあげ、雅楽が流れ、どこか明るい雰囲気のもとでおこなわれます。日本人は、あの世とこの世はつながっており、神の子としてこの世に生まれ、死は神様の世界へ帰ることだと、とらえてきた証拠です。

残されたご家族のために、わたしはグリーフケアとして語るようにもなりました。あなたの大切な人はけっして遠くに行ってしまうのではなく、あなたを、あなたの子孫を守ってくださる存在になるのだと。

読者の皆さまにもそのことをイメージしていただきやすいよう、人は死んだらどうなるのか、どのように霊界へ向かうのかを、ある一人の男性を主人公に、物語形式で神葬祭の流れとともにご案内していくことにします。

死を迎えるとき

主人公の瑛太《えいた》さんは、四五歳の働き盛りの会社員です。妻と、長男（中学生）、長女（小学生）、瑛太さんの父親、母親の六人家族で暮らしています。物語は、瑛太さんがこの世の者ではなくなるときからはじまります。

事故発生

瑛太さんは営業先に向かうために、高速道路で自動車を走らせていました。毎日のように深夜残業が続き、疲れ気味なことは自覚していました。でも、まだまだ大丈夫、そう思っていました。窓の外のいつもと変わらぬ景色。単調な運転……。

ふっと気持ちがゆるんだ次の瞬間、激しい衝撃とともに瑛太さんの車は中央分離帯に激突。前の車が突然車線変更したことに、瑛太さんはまったく気づかなかったのです。

そのとき、瑛太さんは古い映写機を通して、子どものころからの思い出がコマ送りのように順に映し出される、という経験をしています。そのゆっくり映し出された映像を見ながら、「あの子にもう一度会いたいなぁ」「あのとき、親父はカンカンに怒ってたなぁ……」などと思ったことまでは覚えているのですが。

ふと気がつくと、瑛太さんの目の前には、無残に潰れた自動車のなかに閉じ込められ、血を流している瑛太さん自身がいました。そこに救助工作車がサイレンを鳴らして到着。オレンジ色の救助服を着た救助隊員が自動車を囲み、エンジンカッターで自動車を切断していきます。飛び散る鮮やかな火花がなんだか美しい……、と不思議な感覚に包まれます。その状況をうまく理解できないまま事故現場の自分を見ていると、救急車が到着しました。

倒れている瑛太さんに駆け寄り、救急救命士が大声でよびかけています。

「もしもし、わかりますか？　わかりますか？」「意識なし」「痛み刺激反応」「痛み刺激反応なし」「意識レベル三〇〇」「呼吸・脈拍の確認」「呼吸感ぜず、脈拍触れず」「CPA」「CPR開始」……

目を閉じて無反応の自分。そして、それを上から見ている自分。やがて目を閉じている瑛太さんは、救急車で病院に搬送されて行きました。

どうも自分は交通事故にあったらしい……。だけど、これは、夢？　本当に起きていること?

だって瑛太さんは痛みも何も感じないのです。目の前にいる自分は毛布を掛けられ、救急救命士が口に気管チューブを挿入し、「がんばれ! がんばれ!」と声をかけてくれているのですが、どうもその様子を見ている自分の声は誰にも届かないようです。緊迫したやりとりが続く救急車内で、救急救命士が「CPA」(Cardiopulmonary arrest の略:心肺機能停止)といったように聞こえました。

みたまが肉体を離れるとき

大学病院の高度救命救急センターに搬送された瑛太さんは、救急救命士による懸命の救急救命処置の甲斐なく、搬送先の医師により死亡診断されました。

静かに目を閉じる瑛太さんから医療機器がはずされました。そこに、瑛太さんの妻と長男、長女が駆けつけてきました。妻と長女は瑛太さんに抱きつき、泣き崩れています。呆然とする長男。

その様子を見ている瑛太さんは激しく戸惑います。

「なぜ？　おれはここにいるよ。おれの声は本当に聞こえないのか……？」


瑛太さんは救命の甲斐なく、亡くなってしまいました。人の心臓が止まったときをこの世では「死」といいます。しかし、「みたま」は自分の死を自覚していないことが多々あります。まさに瑛太さんがその状態なのです。

また、事故にあった瑛太さんが、子どものころからの記憶がコマ送りのように映し出されたといっていますが、これを「走馬灯現象」といいます。走馬灯は、影を利用した照明器具です。

お盆のときに影絵がまわる灯籠《とうろう》を見たことがあるのではないでしょうか。あの影絵のように次々と記憶がよみがえってくることをいいます。

「走馬灯現象」は、急な事故などにより命の危険にさらされたときに経験するといわれており、けっして珍しい現象ではありません。わたしの恩師や友人も同じ経験をしています。

不思議なことに「走馬灯現象」を体験している最中は、自分が命の危険にさらされている事実を冷静に把握しつつも、まったく痛みも恐怖も感じないそうです。

アメリカにあるＮＤＥＲＦ（臨死体験研究財団）によっておこなわれている臨死体験調査のなかでも、人生回顧（ライフ・レビュー）については、世界中から膨大な数の報告例が寄せられています。

人生の断片が見えることもあれば、全生涯がパノラマのように展開されることがあり、この体験は国も宗教も関係ないようです。

産土の神様へ帰幽奉告

瑛太さんの自宅では、腰が悪く病院に駆けつけることができなかったご両親が、瑛太さんの生まれ故郷である新潟の遠い親戚に電話をしています。どうやら瑛太さんの一家は先祖代々、神道を信仰しているようです。これから神道の弔いがどのように進んでいくのか、追ってみましょう。

瑛太さんのご両親から連絡を受けたのは、産土《うぶすな》神社の氏子総代です。瑛太さんの訃報を受け、総代は産土神社の神職に瑛太さんが亡くなったことを報告しにいきます。それを受けた神職は、産土の神様にその旨を奉告します。これを「帰幽奉告（きゅうほうこく）」といいます。

「帰幽（きゅう）」とは、神道で人が亡くなることを表わす言葉です。人が亡くなると「みたま」が「幽世」に帰るため、「帰幽する」と表現します。そして、「奉告」の意味は「報告」とほぼ同じですが、貴い神様にお知らせするので、「奉告」との漢字になります。

しかし、なぜ産土神社に「帰幽奉告」をする必要があるのでしょうか。

そもそも産土神社は、自分が生まれた土地を司る神社です。産土神社にお宮参りをすることにより、その神社の産子（産土神様を祀る人）となり、生涯変わることなく、また死後もなお、産土神様はわたしたちを導き守ってくださいます。

そのため、産子が帰幽した（亡くなった）ことをお知らせする必要があるのです。お宮参りが出生届、帰幽奉告が死亡届と考えるとわかりやすいでしょう。

奉告通知を受けた神職は産土の神様に奉告します。すると産土の神様から出雲大社の大国主命に帰幽が伝えられ、故人が霊界に導かれる道筋を作っていただけるのです。

故人が人の生死を司る産土の神様にスムーズにお導きいただけるよう、きちんと帰幽奉告することはとても大切なことなのですが、この日本人が大切にしてきたしきたりをご存じない方が多いことを、わたしはとても残念に思っています。

それから、親戚関係や地域のつながりが希薄になったことも、帰幽奉告がなされなくなった大きな要因だとは思いますが、親族が神社を訪ねて帰幽奉告をすることはできません。神道では「気枯れ（穢れ）」といって、身内を亡くした人は気が枯れているため、エネルギーや活力がなくなっていると考え、神棚の拝礼や神社へ足を運んで奉告することをご遠慮させていただくのです。

「喪中のあいだは神社参拝をしてはいけない」という話を聞いたことがある方も多いでしょう。

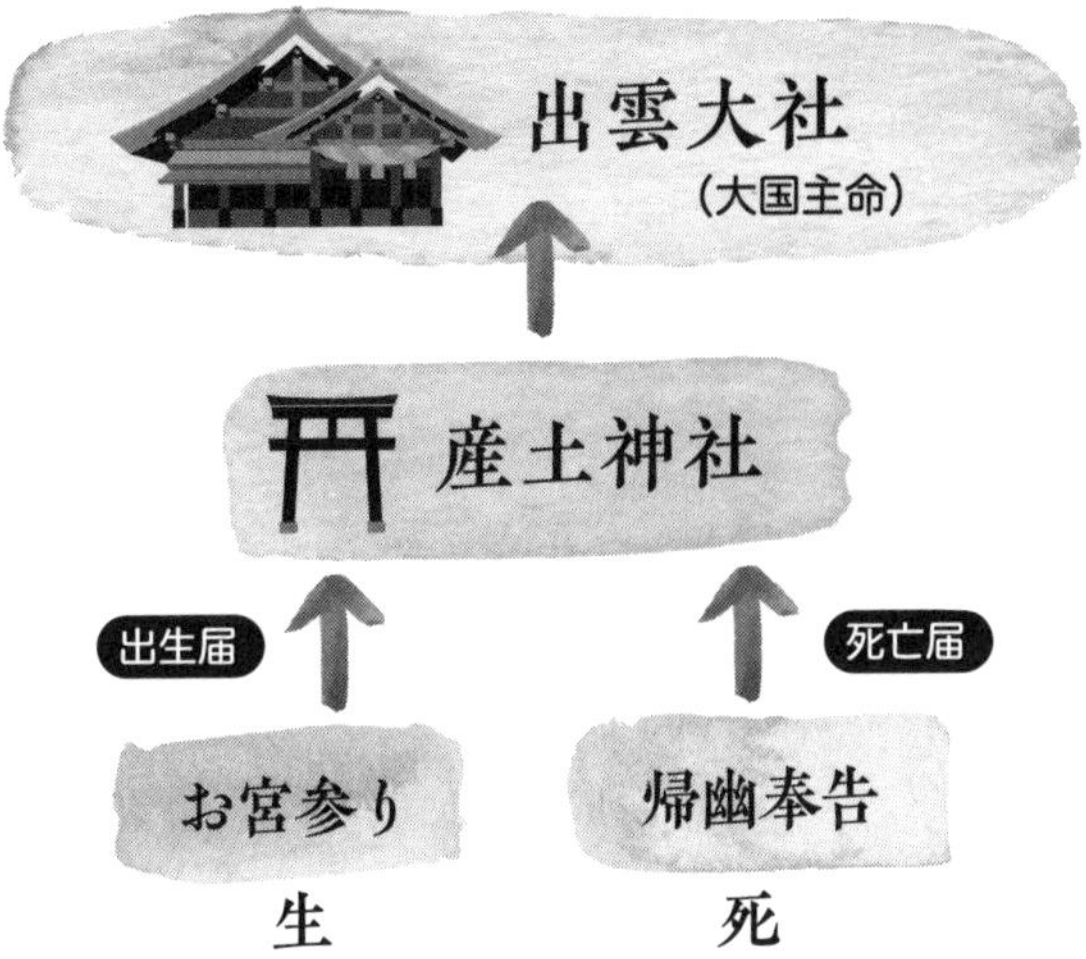

ご家族が亡くなったとき、一定の期間、身を慎みます。この期間中を「忌中」といい、神社への参拝、お祭りごとへの参加、お祝いごとを遠慮させていただくのが一般的です。

では、どれくらいの期間なのか？　次を参考にしてください。

父母　五〇日（一親等）
祖父母　三〇日（二親等）
曾祖父母　三〇日（三親等）
夫　三〇日（一親等）
妻　二〇日（一親等）
義父母　三〇日（一親等）
嫡子　二〇日（一親等）

末子　　一〇日（一親等）
伯叔父母　二〇日（三親等）
兄弟姉妹　二〇日（二親等）
いとこ　　三日（四親等）
甥姪　　　四日（三親等）

（出典：『神葬祭の栞』神社本庁）

「帰幽奉告」は血縁の薄い、少し離れた親族や同じ産土神社の産子などにお願いし、玉串料を添えて神職に依頼するとよいでしょう。

瑛太さんの場合も、産土神社の総代にお願いをしています。とはいえ、今はそういうお願いをできる人がいないという方も増えているのが現実です。産土神社に電話でお伝えしていただければ、神職がきちんと対応いたします。

わたしたちにとって、産土神様はとても大切な存在です。産土神と産子の関係は、親子の間柄になります。産土神は産子たちの行動をつねに見ておられ、善なるおこないを積極的にする産子に対しては、幸福を授け、悪事をおこなう産子には神罰を与えて叱ってください ます。わたしたちの吉凶禍福は、すべて産土神の掌《たなごころ》のなかにあるのです。

出生時のお宮参りにはじまり、七五三、人生の節目節目の歳には、産土神社にお参りをし、神恩の感謝を捧げましょう。

また、家族親族に不幸や異変、困りごとが発生した場合には、まずは産土神社の神様に事の顛末《てんまつ》についてご報告を申し上げ、ご守護を仰ぐとよいでしょう。そのうえで、全力で人事を尽くされますと、必ずことが改善します。

みたまは、自分の葬儀を見ている

瑛太さんの自宅でも、ご両親が自宅にある祖霊舎（祖先の「みたま」を祀るお社で、仏式の仏壇に当たるものです）に瑛太さんが帰幽したことを奉告し、白い半紙を貼って神棚を五十日祭まで閉じました。

自宅に帰ってきた瑛太さんは、北枕にした布団に安置されました。胸元には「守り刀」が置かれています。掛布団は上下逆に掛けられ、そばの小机には、お灯明やごはん、お水、お花（枕花）などが生前使用していた食器を用いて供えられました。住み慣れた家で眠る瑛太さんを見ると、家族は、改めて信じられない気持ちと悲しみがあふれてきました。ただただ、瑛太さんに祈りを捧げます。

またご両親は、自宅近くの神社の宮司に神葬祭の依頼をするとともに、葬儀社にお葬式の手配をし、準備を整えていきます。

瑛太さんは、浄衣（じょうえ）と白の襦袢、白衣、白袴で身を包まれ、烏帽子をかぶらさ

れ、棺に納められました。ちなみに浄衣とは、神事の際に着る白色で紋がない狩衣（かりぎぬ）のことをいいます。手には笏（しゃく）が添えられています。

みたまの瑛太さんは、その姿に見覚えがありました。小さいころによく遊んでくれた祖父の葬儀のときです。棺のなかにいたおじいちゃんも今の瑛太さんと同じ格好でした。幼かった瑛太さんは「おじいちゃんは、これからどこにいくんだろう？」という疑問を持ったことを思い出しました。

瑛太さんの身支度を整えた妻や子どもたち、父、母はもう泣いてはいません。でも、棺の

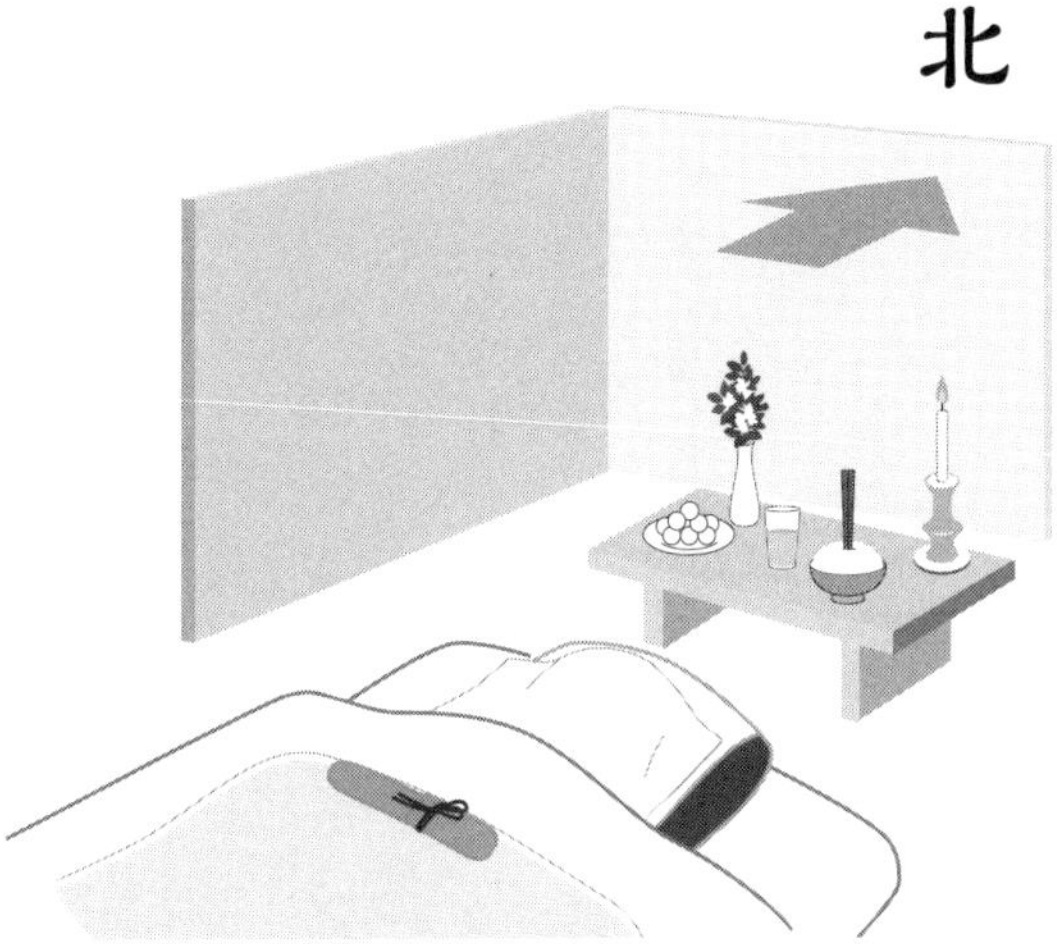

瑛太さんのそばから離れようとはしません。何だかその姿を見ていると、胸が苦しくなってきます。そして、とても不安な気持ちになるのです。

葬儀社の方が祭壇の準備を整えていきます。上段におかれた瑛太さんの写真には見覚えがありました。この前、家族旅行をしたときに、長男が撮ってくれた写真です。

中央には、神様の依《よ》り代《しろ》となる丸い鏡である御神鏡（ごしんきょう）、そして幣帛（へいはく）という赤い布が置かれ、下の段には、お米、御神酒、御餅、黒鯛、鰹節、スルメ、野菜、果物、菓子、塩、水などたくさんの神饌物が並んでいます。

また祭壇の両脇には、天地万物、森羅万象を表わす五色旗（青色は天、赤色は火、紫色は神、白色は水、黄色は地。また、五色をもって世界五大州に住む五族〈人類〉を表わしています）が置かれています。

ふと、祭壇の中央に置かれた、白木の霊璽（れいじ）に瑛太さんの目が留まりました。祖父の葬儀のとき、神職の方が「これは霊璽といって、おじいちゃんのみたまはここにいらっしゃいます。おじいちゃんの身体がなくなってしまっても、ここから家族を見守ってくれますよ」と話してくれたことを思い出しました。

神葬祭で最初の儀式は「枕直しの儀」です。

方位の最上位である北枕になるように布団を敷き、ご遺体を安置します。着物の合わせや掛布団、枕元に白屏風を逆さまに置きます。これは日常と区別するためです。

「守り刀」には、悪神、枉神《まがつがみ》、毒虫、邪霊からご遺体を守るという意味があります。

この儀のあいだだけが、ごくごく親しい家族だけで祈りを捧げる貴重な時間になります。短い時間かもしれませんが、大切に過ごしてほしいものです。

そして、霊璽とは、仏教でいう位牌《いはい》にあたるものです。亡くなられた人の霊が宿る依り代です。

神社や家によっては、鏡や笏に霊を移す場合もあります。位牌と異なるのは、霊璽には木でできた覆いがあり、霊璽本体を直接見ることはほとんどありません。目に目えぬ神霊を、あえて人の目に直接触れることを避ける慎みの心の表われともいえましょう。

神道のお葬式である神葬祭は、基本的に産土神社の神職にお願いするのが基本です。

しかし、瑛太さんのようにふるさとの産土神社から遠く離れた場所でお葬式をおこなう場合、お住まいの土地に鎮座する神社の神職にお願いする方法もあります。

（ただし、神社によっては「死は穢れである」と考え、神葬祭は執りおこなわない方針のところもあります。神道には絶対的な教えや決まりというものがないため、神職の考えひとつ、というところが多々あるのです）。

ふるさとから遠く離れた土地に住んでも、その土地の神様が第二の産土神社となり、お守りくださっています。もし、産土神社がわからない場合は、各都道府県の神社庁に電話して、生まれたところの住所を伝えると自分の産土神社を教えてもらえます。

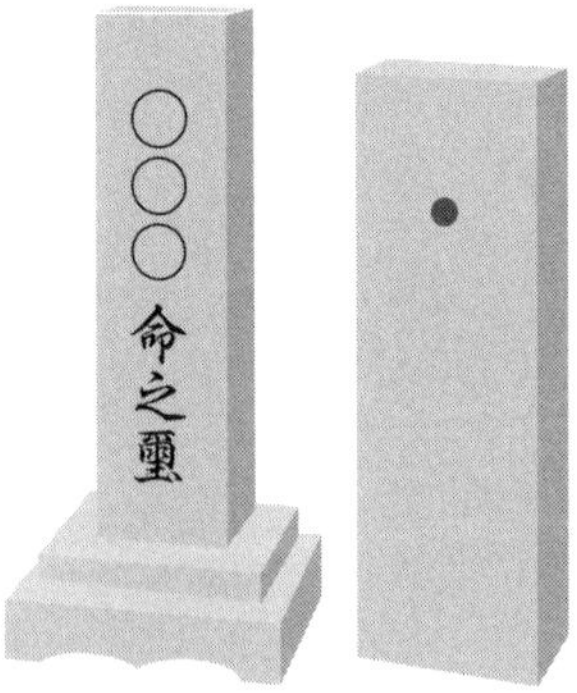

霊璽

なお、神道のお葬式は、葬祭場やご自宅でおこなうのが一般的です。神社は神様を祀っている場所であり、聖域である神社には人の「死穢《しえ》」を持ち込まないようにしているからです。また、「穢れ」を「汚れ」と勘違いする方もいますが、「穢れ」は生命力が枯渇している状態であり、「気枯れ」が語源になっています。

通夜祭でおこなう遷霊の儀

通夜祭の参列者席には、会社の代表取締役、支店の同僚たち、大学時代の同級生、地元の幼馴染、行きつけの居酒屋の店長、取引先の営業本部長、町内会の方々の顔がありました。みんな礼服を着て、神妙な顔で座っています。

鈍色（濃い灰色）の装束を身に着けた神職が神前で「祓詞（はらえことば）」を奏上し、「大麻（おおぬさ）」で、御神饌、玉串、斎主、祭員、喪主、家族・親族、参列者の罪穢れを祓い清めます。

すると「みたま」の瑛太さんは、何だか少し落ち着いてきました。

「遷霊（せんれい）の儀を執りおこないます」と神職が宣言し、祭壇のご灯明が消され、明かりが落とされました。薄暗がりのなか、神職に促され、みんなが頭を下げています。和琴が奏されるなか霊璽の覆いをとり、瑛太さんの前にかざします。「遷霊詞（せんれいし）」を奏上したのち、神職が「オー」という声を長く引き、荘重に三声（三回声にします）が発せられました。

すると、瑛太さんの「奇魂（くしみたま）」が霊璽に入っていきました。霊璽にとどまった御霊はご先祖様と同じように瑛太さんの家や子孫を守っていくことになるのです。

ようやく、瑛太さんはやっと自分は死んだのだ、と理解します。ただ、自分はすごく善人だったわけではないけど、悪人でもなく、健康にも問題がなかったはずです。死ぬにはまだ早いし、子どもたちの成長もまだまだ見届けたかったのです。瑛太さんは、なぜ自分が死ななければならないのか、どうしても納得ができません。

でも、神職の「行く末かけて安らかに鎮まりませ」と霊の安寧を願う「霊魂安定詞」を聴くうちに、瑛太さんは、少しずつ違う世界にいきつつある感覚を覚えはじめます。

幕末から明治にかけて活躍した国学者・本田親徳《ほんだちかあつ》（平田篤胤の弟子）が「一霊四魂」という概念を説いています。これは、一人の人間には、「直霊（なおひ）」という神様と直結した一つの「霊」に四つの「魂」が宿り存在する、と考えるもので、森羅万象もこの四魂のはたらきから成り立っているとしています。

その四つの魂とは「荒魂」（あらみたま）、「幸魂」（さちみたま）「奇魂」（くしみたま）、「和魂」（にぎみたま）です。

「荒魂」（あらみたま）には「勇」
「和魂」（にぎみたま）には「親」
「幸魂」（さちみたま）には「愛」
「奇魂」（くしみたま）には「智」

の働きがあると説いています。

「勇」とは、勇気を持ちものごとを前に進める力であり、果敢にものごとに取り組み、困難に対して打ち克つ力です。

「親」とは、親和の力であり、神と親和し、人と親和し、万有と親和する力です。

「愛」とは、世を益するため、人を益するために、ものを造り、生み、進化させ、育てる力です。

「智」とは、真の知恵が豊かになり、巧みに物事をおこなうことができ、鋭い感覚や深い観察力を持って、知的な覚りや精神的な事象を悟る力です。

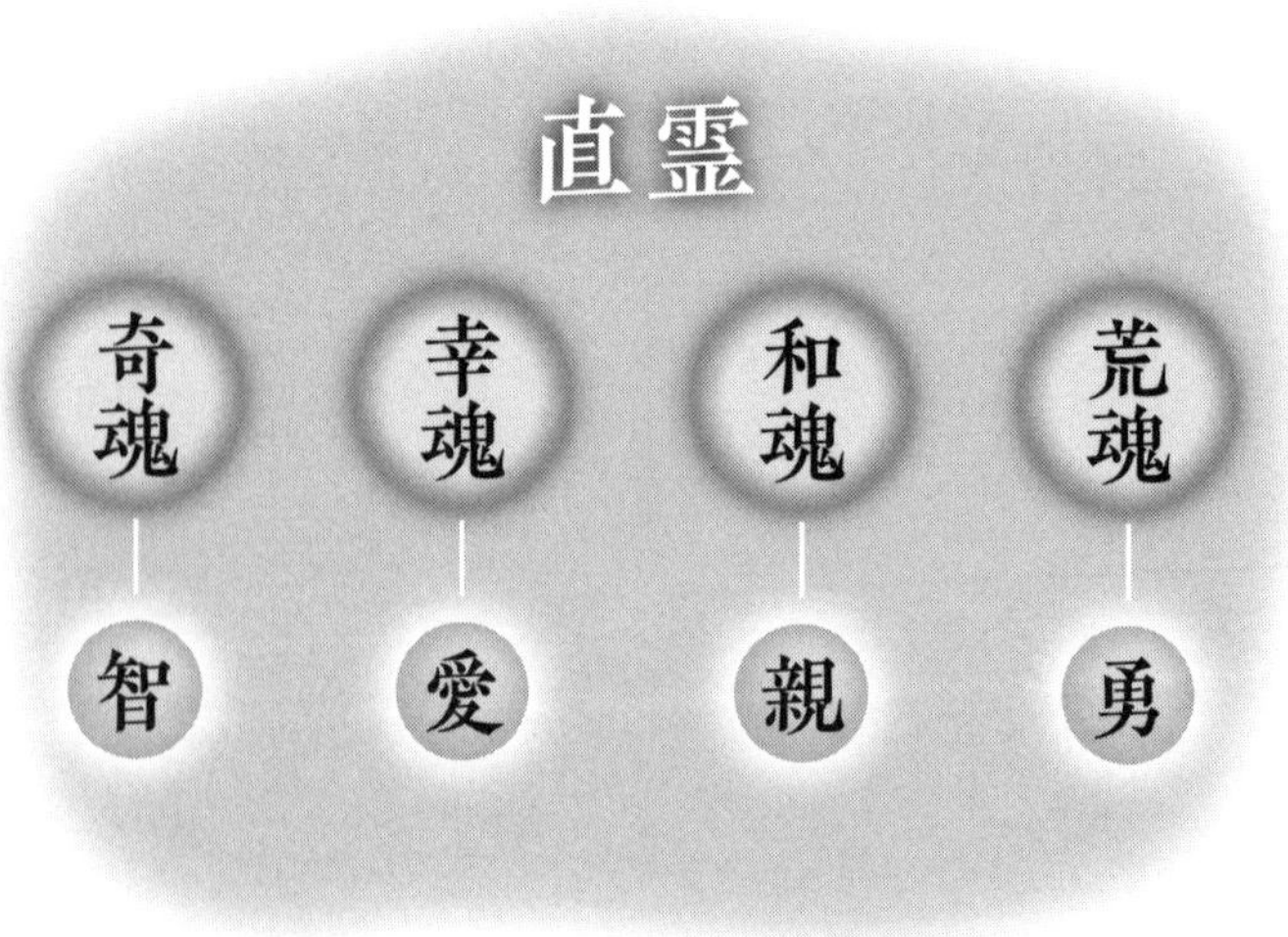

「直霊」はこの四魂をコントロールするはたらきがあります。四魂のバランスがとれるように自らの心を内省し、霊を磨くはたらきです。

この世では四つの魂が分離することはなく相互に結びあい補完しながら直霊のもとにあります。

ですが、亡くなったその瞬間から、神葬祭を通じて五〇日祭までのあいだに、四魂はそれぞれの鎮まるべきところへ向かい、はたらきはじめるのです。神道において帰幽後の四魂の鎮まるところとそのはたらきについては、諸説ありますが教派神道の一派である神理教教祖・佐野経彦氏が明治一三年に著された『本教神理学入門』で述べられた以下の説をご紹介します。

・「荒魂」は、お墓（奥津城《おくつき》）に鎮まります。
・「幸魂」は、神様がおられる霊界（高天原）に帰ります。
・「奇魂」は、霊璽にとどまり、子孫の家にも身にも付き添い守ります。
・「和魂」は、産土神社にとどまりその地域共同体を守ります。

ちなみに、産土神社に戻った「和魂」は、境内の木々に宿るともいわれ、一族や地域共同体を温かく見守る役目をいただくのです。鎮守の杜である神社の木をむやみに伐採しないのは、その木々に神様や地域の先人たちのたくさんの「みたま」が宿っていると考えるからです。

また「遷霊《せんれい》の儀」は、故人の「みたま（御霊）」を霊璽に遷《うつ》しとどめる祭儀であり、その人の死を確定する、という神葬祭においてもっとも重要なお祭りとされています。

遷霊詞において、「みたま様　どうぞこの霊璽に清々しくお遷りになられてお鎮まりください」との事訳（ことわけ）を微音にて奏上後、「オー」という声、これを警蹕（けいひつ：声をたてて人々を畏ませる）といいますが、この言霊を三声発することによって、遊離する「みたま」が霊璽に遷りとどまるのです。

遷霊の儀では、多くの神職が神秘的な体験をしているそうですが、わたしも、何度かそんな経験をしました。

急に身体が温かくなり汗がとめどなく流れたり、その場の空気が動から静に変わったように感じたこともありました。霊璽のまわりを光が走ったこともあります。

これには亡くなられた人の想念が影響していると実感しています。

この世に執着がある人の「遷霊の儀」では、警蹕の声をあげづらくなります。またその逆に、この世に未練がなく枯れるように亡くなられた人の場合には、スムーズに警蹕が発声できます。

まさに、わたしにとっても「みたま」の実在を感じる瞬間ともいえるのが、遷霊の儀なのです。

通夜祭の夜に

「直会（なおらい）」という仏式でいう「お斎《とき》」（通夜振る舞い）の席で、瑛太さんは参列者の会話に耳を傾けます。

いつも営業成績を競い合うライバルであった同僚は、柄にもなく目にいっぱいの涙を浮かべて肩を震わせています。隣に座る部下もときどき、目にハンカチを当てて涙をぬぐっています。

「みたま」の瑛太さんも「ありがとう。そういえば、来週、飲みに行く約束していたな。約束を守れなくて、ごめん」と伝えたのですが、その声はだれにも届きません。

「みたま」の瑛太さんは、そこに座っている人、それぞれに思いを馳せます。やがて、ひとり、ふたりと席を立っていきました。瑛太さんの家族だけが残り、心なしか、みんな少しやつれています。直会の料理にも手を付けていないようですし、ちゃんと食べているのか、瑛太さんは心配です。

母親は、人気のなくなった葬儀会場で、ぽつりぽつりと瑛太さんが生まれたときの話をはじめました。瑛太さんを初めて抱いたときの気持ち、初めて熱を出したとき、どれほど心配だったか。窓ガラスを割って、学校に呼びだされたこと……。静かに耳を傾ける子どもたち。

笑いながら泣いている母親を見ていると、瑛太さんはどんどん苦しくなっていきます。どれほど家族に愛されてきたか、そして、自分がどれほど、家族を愛してきたのか。そして、自分の死から何日もたっていないにもかかわらず、少し小さくなっている年老いた父親と母親の背中が心配でもありました。しかし、肉体のない瑛太さんには、言葉をかけることもいたわることもできません。

瑛太さんは、祖父のお葬式で、神職から聞いた言葉が思い浮かびました。

「霊璽に宿ったおじいちゃんは、家族みんなを見守ってくれますよ」

直会とは、神様にお供えされた御神饌（ごしんせん）のお下がりを神様とともに食することで、神気《しんき》をいただく儀礼のことで「打ち上げ」ではありません。神饌・御神酒をいただくことで、神様の生命に間接的に触れ、自身の魂を増幅させていただく大きなお蔭をいただく神事になります。仏教では「お斎《とき》」にあたるものです。

また、「みたまもらい」という風習をご存じでしょうか。

おもに嫡男が、通夜の夜、死者の横に布団を引いて寝て、その霊を引き継ぐ儀式のことです。出雲で語り継がれている言葉に、「霊」（ヒ）に「止」（ト）と書いて「ヒト」読み、「人は霊止（ヒト）なり」というものがありますが、まさに、みたまもらいは「霊（ヒ）継（ツギ）」なのです。そして、遺体を納めるお棺を「棺（ひつぎ）」というのも、その心を示しています。

わたしの祖父・祖母の通夜の際も、わたしの父親や父の姉が祖父・祖母の隣に布団を敷いて一晩共に眠っていました。地方ではつい最近までこのような風習が残っていました。

都会において近年、直葬という火葬のみで終えるような時代に、今一度、通夜や葬祭の意義を考えることを伝えていきたいと思っています。

葬場祭　霊界への旅立ち

よく晴れた翌日、瑛太さんの葬場祭が執りおこなわれます。職場の同僚、営業先の社長や社員、幼馴染や親戚も駆けつけてくれたようです。

昨日と同じ神職が、修祓（しゅばつ）の儀という、祓詞（はらえことば）をとなえ、次に大麻（おおぬさ：榊の枝に紙垂《しで》や麻をつけたもの、または白木の棒に紙垂や麻をつけたもの）を左右左と振って祓い清めたのち、葬場祭がしめやかに始まりました。

葬場祭詞では瑛太さんの誕生日から、どんな人生を歩んできたか、そして、これより先は家の守護神となって瑛太さんの家や子孫をお守りくださいと述べられます。

涙を静かにぬぐう母親。先にあの世に行くことになり、瑛太さんは親不孝をしてしまったことを痛感しています。それと同時に、今「みたま」になった瑛太さんには、その言霊のひとつひとつの意味がよくわかります。

瑛太さんは、玉串拝礼（たまぐしはいれい）をする親戚や友だち、お世話になった人たちを感謝の思いをもって見守ります。

最後のお別れで、目を閉じている自分の姿に涙ながらに榊《さかき》や白菊を棺のなかに手向けている家族、友人知人を見て、瑛太さんは、自分が死んだことを完全に受けとめられました。

そして、妻や子どもたち、両親のために瑛太さんができるのは、自分の家を守ることだと思えてきたのです。

玉串拝礼は、仏教のお葬式のお焼香にあたり、榊《さかき》の枝に紙垂（しで）という紙布をつけた玉串を、御霊前にお供えします。

玉串に用いる榊は、常緑樹であり年中青々しく、そして瑞々《みずみず》しく、とくに先端がとがった枝先は神が降りる依り代としてふさわしいといわれています。

また、榊の語源としては、つねに繋っていることから繁栄を象徴する「栄える木」、「神様と人の境にある木」という意味で神域を示す「境木」など諸説あります。また、榊が育たない地域では、松、玉椿《たまつばき》、柳、樫《かし》、杉、檜《ひのき》、欅《けやき》などを用います。

玉串の榊は霊界で家を建てるご用材に、紙垂は、霊界で暮らすときの衣服になるといわれています。「みたま」にお供えする、御神饌は食物であり、「みたま」の世界で衣食住に困ることがないよう、豊かに生活ができますようにとの祈りをこめて、これらを捧呈（ほうてい：捧げること）します。

霊界は想念の世界です。縁ある人々が真心を込めてお供えしたお供え物や玉串は、現界における形として表わし、その想いの結晶である形は、想念の世界である霊界に投影されるのです。

そして霊界に暮らす「みたま」の歓びは自然と子どもや孫に伝わり、手厚い御守護となります。それにより、わたしたちの日々の幸福な暮らしは守られているのです。

第三章

みたまの故郷、霊界を知る

「死の世界」とはどのようなところか

『日《ひ》の本《もと》に生まれ出《い》でにし益人《ますひと》は神より出でて神に入《い》るなり』（『神道百首』）

江戸時代の伊勢の豊受大神宮の神職であった中西直方《なかにしなおかた》（一六三四〜一七〇九）が詠《よ》まれた歌です。人は、命の祖神《おやがみ》である神様から生まれ、命消えるとふたたび神様のもとに帰る、という死生観を表わしています。

神道では「死ぬ」という言葉ではなく、「帰幽」「お国替り」「形を脱ぐ」などと表現することは前述したとおりです。

「みたま」は、この世を去りし後も家の守護神となって霊界から家や子孫をお守りして、永遠に生きつづけます。これを黒住教教祖の黒住宗忠《くろずみむねただ》は、「生き通し」と表現しました。教派神道にかぎらず、神道では「みたま」は永遠に消滅することはないと考えています。子孫が真心からおこなう祖霊祭祀、すなわち、心よりご先祖様に感謝を捧げる慰霊の誠は、必ずやご先祖様に届きます。そして、そのご先祖様の喜びの余波が、子孫の喜びごととなり、御守護となって伝わってくるのです。

　さて、その霊界とはどのような世界なのでしょうか。

わたしは生身の人間であり、死んだこともないのですから、霊界に行ったことはありません。ところが、世界中には数多くの臨死体験者の話があります。しかし、生還してきていることを考えると、あくまでも霊界の入口を見てきているだけなのです。

　しかし、わが国には神様のご配慮によって不思議な力を与えられ、生きながらにして、死後の世界である霊界の詳細を見聞することを許された出口王仁三郎《でぐちおにさぶろう》がいます。その人物が霊界で見聞したことを詳細に綴っているのが『霊界物語』（＊注）です。そのなかで示された霊界について触れてみたいと思います。さらにスウェーデン人のスウェーデンボルグが見聞した霊界観についても紹介していきます。

また、神道思想家は死後の世界についてどのようにとらえていたのでしょうか。死後の世界観について唱えた神道思想家はたくさん存在しましたが、①本居宣長《もとおりのりなが》　②平田篤胤《ひらたあつたね》が主張した死後の世界観についても触れたいと思います。

＊大正一〇年から昭和九年にかけて口述編纂された御神書です。宇宙の始まりから五〇世紀の未来まで、太古から今日までの神様のご因縁、神と人の関係、人生の目的、霊界の実在、政治・経済・教育・科学・宗教・文化等、あらゆる事柄についてそのあるべき姿を詳細に説かれています。

霊界の入口、天の八衢へ

まずは、霊界への入口である「天の八衢（あめのやちまた）」（中有界）がどのような世界であるかを説明いたします。

『霊界物語』の記述を見てみましょう。

霊界については「神界」「中有界」「幽界」の三大境域があると示しています。

「神界」のことを神道では「高天原」といいます。仏教では「極楽浄土」、キリスト教では「天国」といいます。

「中有界」を神道では「天の八衢（あめのやちまた）」といい、仏教では「六道の辻」、キリスト教では「精霊界」になります。

そして「幽界」を神道では「根の国・底の国」といいます。仏教では「八万地獄」、キリスト教では「地獄」にあたります。（『霊界物語』第一六巻・「霊の礎」（一））

天の八衢は、霊界の入口にあたります。臨死体験をした人が訪れるのがこの境域で、ここで見聞きしたり、経験したことを生還した後に臨死体験として語っているのです。

天の八衢は、「みたま」が肉体から離れると最初に行く場所です。顕世と幽世（この世とあの世）の中間にある世界で、ここに神道では五〇日間とどまるといわれています。仏教でいえば四九日といわれる期間で閻魔《えんま》様のお裁きを受ける場所です。四九日と五〇日の違いは、亡くなった日を一日として数えるかの違いによるものです（『霊界物語』第一六巻・「霊の礎」（一））。

『霊界物語』にも、ここには人間を調査する役人がいて、自身の生前犯した罪を詳細に記録されたものをもとに判決が下されると記されています。

ちなみに「八衢」（やちまた）とは数多くの道に分かれる場所という意味です。

生前の自身のおこないの正邪により高天原（神界）に昇れるか、地獄である根の国・底の国（幽界）に落ちてしまうのかが決まります。

「八衢の関所」ともいわれるこの場で、みたま（霊魂）はさまざまな幻影を体験します。

この幻影は現世にいたときの罪や穢れによって人それぞれ異なり、罪深いことを重ねてきた人は恐怖の幻影に責め苛まれ、善きおこないをしてきた人は、大変楽しい体験や喜びを感じるといわれています。

また、天の八衢からは顕世（うつしよ）の様子を見ることができます。しかし、幕のようなものに阻まれ、人や物に触れることはできません。近いようで異空間なのが天の八衢なのです。

幕末の国学者・平田篤胤も、死後の霊魂は大国主命の審判を受けるといっています。霊

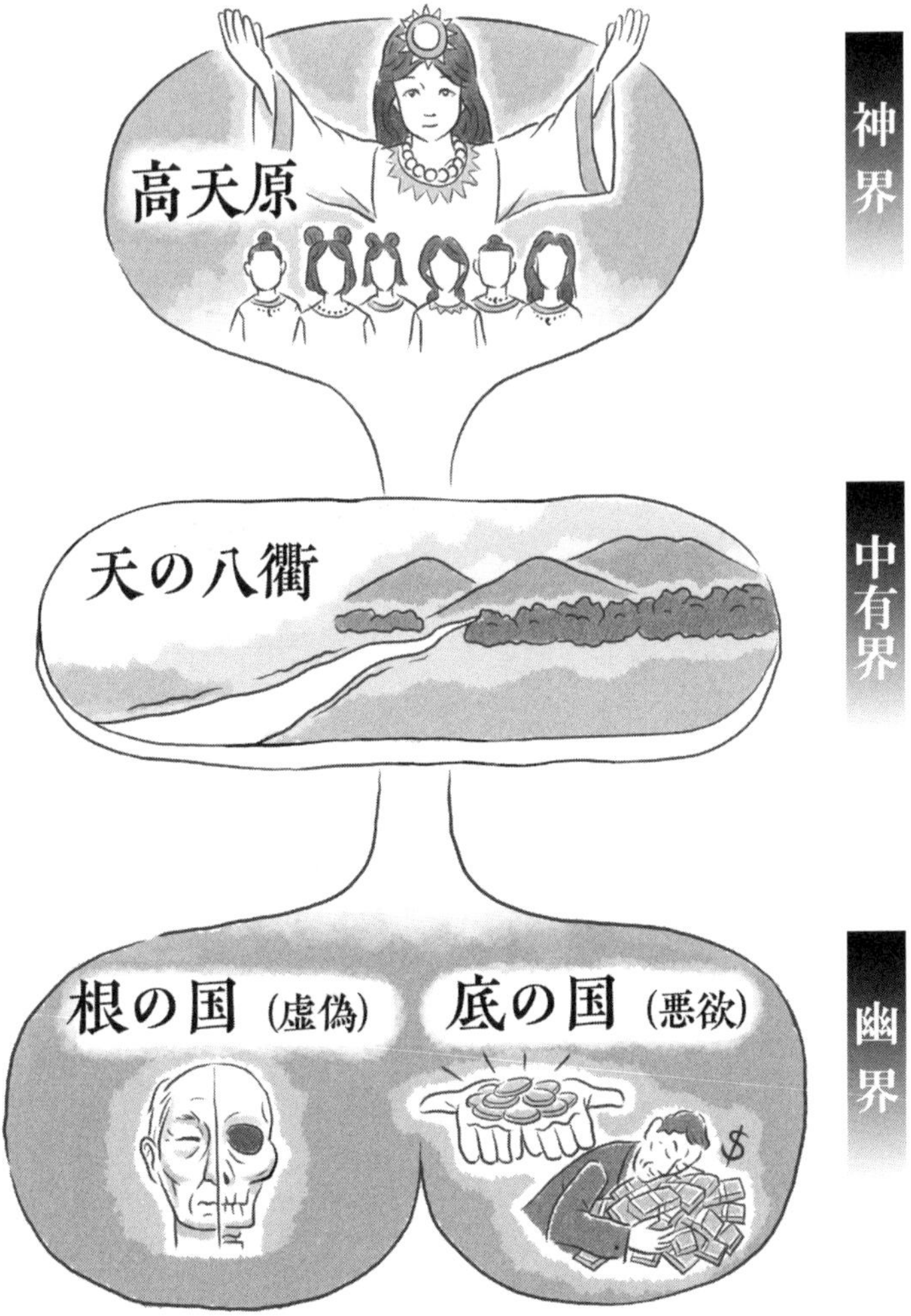
神界
高天原
中有界
天の八衢
幽界
根の国（虚偽）
底の国（悪欲）
$

魂の罪があまりにも重き場合には黄泉国へ送られることがあるそうです。
しかし、一方で罪人を裁く刑罰はない世界だとする説もあります。わたし自身は、裁かれるのではなく、生前の自身のおこないによって磨いた「みたま」の純度によって、自からを裁き、赴くべき場所が定まるのだと考えています。生涯にわたり、自分がおこなってきたことは誰よりも自分自身が一番よく知っているはずですから。

天の八衢で「みたま」は自分の死を理解

『日本書紀』（巻第一《まきだいいち》の「神代上《じんだいのじょう》」）の天地開闢《かいびゃく》には、以下の記述があります。

其《そ》れ清陽《すみあきらか》なるものは、薄靡《たなびき》きて天《あめ》と爲《な》り、重濁《おもくにご》れるものは、淹滞《つづ》ゐて地《つち》と爲《な》るに及《およ》びて、精妙《くわしくたえ》なるが合《あ》へるは摶《むらが》り易《やす》く、重濁《おもくにご》れるが凝《こ》りたるは竭《かたま》り難《がた》し。

（口語訳）
やがてその澄んで明らかなものは、のぼりたなびいて天となり、重く濁ったものは、下を覆《おお》い滞《とどこお》って大地となった。澄んで明らかなものは一つにまとまりやすかったが、重く濁ったものが固まるのには時間がかかった。

澄んで清らかなものは天に上り、重く濁ったものは地に下るのが天地自然の法則です。軽いものが上がり、重いものは沈むものです。

たとえば、コップに泥水を入れて掻き混ぜてしばらく放置すると、泥はコップの下に沈殿し、コップの上は澄んだ水となります。

霊界の行き先も自身の魂の清らかさと濁り（罪穢れ）の清純の度合いに応じて自ずと場所が定まるのです。

天の八衢で、「みたま」は自分の死を理解し、物質世界であるこの世に残した「未練」を、たまねぎの薄皮を剥ぐように一枚一枚はがし、本来の清らかな魂に戻る作業をおこなっていくのです。それと同時に、自分がかつて霊界の住人であったことを徐々に思い出していきます。

そんな「みたま」のために、残された人は何をしてあげられるのでしょうか。

葬場祭を終えると、肉体は火葬祭で火の神様のお力によって清められ、遺骨となります。自宅には祭壇が設けられ、親族は五〇日間毎日、朝夕二度または毎朝一度、御日供（おにっく）をします。そして亡くなった日から、一〇日、二〇日、三〇日、四〇日と、一〇日ごとにお祀りをします。

遺族が毎日おこなう日供や朝夕の御礼拝は、天の八衢で迷っている「みたま」を次の天界へ後押しする大きな力になります。大切な人のことを思い、ろうそくの火を灯すことは、何よりも亡くなった人の慰めとなります。ろうそくの炎のことを「お光」ともいうのは、霊界において子孫が真心こめて灯火するろうそくの炎が光に変ずるからです。

そして、五〇日目には神職を迎え、祖霊舎に故人の奇魂（くしみたま）を合祀する合祀祭をおこないます。この五〇日という期間は神界で定められている期間ですから、必ず守ることが大切です。親子兄弟の義務であり、その「みたま」を力づけ、よりよい霊界に押し上げていくことができる期間でもあるのです。

ただ、自分が死んだことをどうしても受け入れられずにいる「みたま」は、五〇日よりもっと長くこの場にとどまることがあります。しかし、永遠にここにいることもなく、どんなに長くとも三〇年を超えることはないと説かれています。

この世に未練や執着を残し、自分が死んだということの自覚をすることができずにいると、縁ある土地や家屋に地縛し、長くとどまるということが起きるようです。

霊感の鋭い方は、この存在を幽霊として感じとることができるのではないでしょうか。これらの長居をする霊を救うことができるのも「祈り」なのです。

さまざまな事情により子孫の祈りを受けられない「みたま」の救霊を日々おこなうのが、わたしのつとめとなっています。

また、すべての人が天の八衢を経由するとは限りません。極善人はすぐに高天原へ昇り、極悪人は、すぐさま根の国、底の国に落ちるともいわれています。

高天原（神界）の世界とは

誰しも天の八衢で世俗の罪穢れを落とすことにより、「清らかなみたま」となります。高天原は神様を中心とした意志想念の世界です。

高天原はつねに明るい光に満ち溢《あふ》れています。神様が熱と光の源になっており、暗闇はありません。気候は温暖で、木々の緑が映え、桜が咲き誇っています。小鳥は歌い、小川に流れるのは、心が洗われるような澄んだ水。国学者の平田篤胤は、「あの世ではこの世と同様に衣食住が具わっている」といっています。

『古事記』をひもといてみると、現世はわたしたちが住まう「地上」にあるのに対し、高天原は「天」の世界であり、神々のふるさとです。

天照大御神が新穀（しんこく）を召し上がるためのご殿があり、「天の真名井」という神聖な井戸や畑があり、「天安河」（アメノヤスカワ）という河が流れています。馬もいます。

また、高天原では、顕世と同じ衣食住を必要とする生活が営まれていると記されています。機織《はたおり》小屋では機織女が神様に献上する御衣を織っています。さまざまな労働に従事し

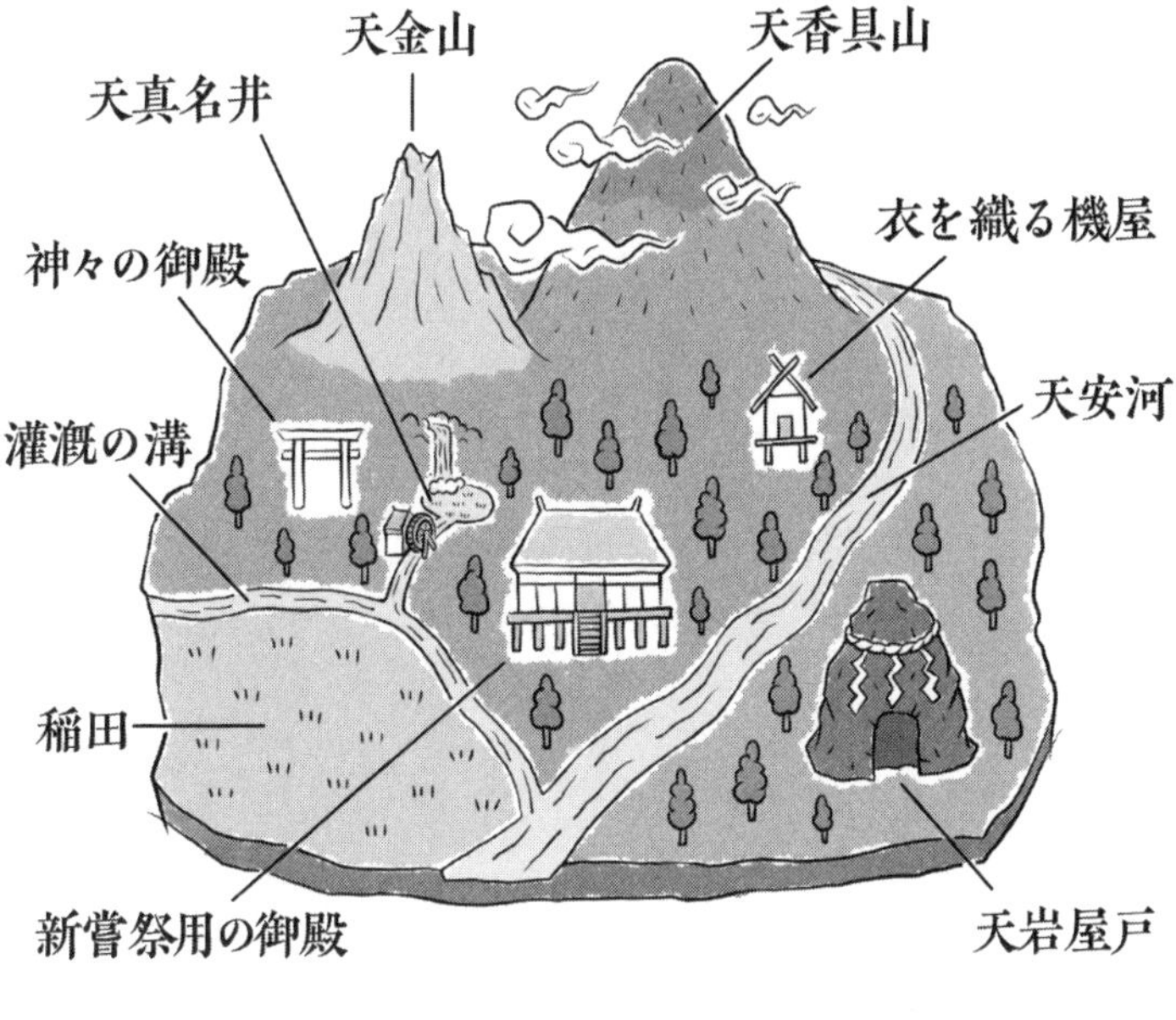
天金山
天香具山
天真名井
衣を織る機屋
神々の御殿
天安河
灌漑の溝
稲田
新嘗祭用の御殿
天岩屋戸

た神様がおられるのです。

キリスト教では、労働を罰と考えています。聖書には、アダムとエバがエデンの園で楽しく遊び暮らしていましたが、神が食べてはいけないといわれた木から実を取って食べたことにより、エデンの園を追い出され、「罰として」労働しなければならなくなったと記されています。

一方で神道では、ものごとを産み出すことを喜びとする考えから、労働は神聖であり尊いことであると考えています。

『古事記』や『日本書紀』には、高天原では神々様ご自身がお働きになって徳を積まれる勤勉なお姿が記されています。最高神までも労働をなされておられるそのお姿を手本として、毎年皇居の水田で天皇御自ら長靴をお履きになり、農作業の伝承のためにお田植えをなさるのです。

神道では「労働なき世界」や「生産なき世界」が極楽や天国であるとは、けっして考えません。日本の各地でおこなわれる春祭りは、豊作祈願。秋祭りは、収穫を感謝するお祭りです。農業のみならず林業・水産業を国のもっとも重要な産業と位置づけて平和で豊かな国に発展してきたのが日本なのです。

日本人として生まれてきた者の大きな使命は、この地上に高天原のような理想の世界を建設するということです。

神々様の住まわれる平和な世界「高天原」に少しでも近づくことができるように、地域の産土神様を中心とした神道信仰とともに、日々汗を流しましょう。古典を通じて知ることができる日本を本来のあるべき姿に立て直すには、お土を耕すお百姓を大切にすることから始まるのです。

子孫からのお供え物がご先祖様のエネルギー

みなさまがご先祖様に御日供としてお供えしたものは、エネルギーとなって霊界に届いています。ご先祖様はそのエネルギーを召し上がっているのです。

毎日、祖霊舎の三度のお膳をお供えしている家庭は、ご先祖様がお喜びになるので、そのご加護が受けられ、繁栄しておられることと思います。たくさんのエネルギーが届くご先祖様は、霊界の仲間におすそ分けをすることもあるようです。

わたしも毎日の食事を御膳に盛りつけ祖霊舎に捧げています。といっても捧げる時間もほんの一分程度で十分です。冷める心配もありません。手を合わせ、それを下げておいしくいただいています。

毎日の食事の以外にも、亡くなった人の好物やいただき物、季節の果物など、ほんの少しの時間でいいので、ご先祖様に捧げるようにしましょう。きっと、ご先祖様は喜んでくださるでしょう。

しかし、子孫からのお供え物もなく年祭や慰霊祭をまったくおこなわない家のご先祖様は、エネルギーが不足し、霊界で肩身の狭い思いをされています。高天原の仲間からエネルギーを分けていただくこともあるようです。子孫がお供えをしてくれないご先祖様は、人がいただいたものをご馳走になることがあっても、自分が仲間に振る舞うことはできません。

池田冠山の著作『勝五郎再生前世話』には、勝五郎という人物が前世（藤蔵）だったとき「おらに供えたる食べ物を食べることはできなかったが、そのなかで温かいものは、その湯気の香りがおいしいと感じた」との証言が残っています。

「みたま」は、食べ物を口にできませんが、温かいもの、香ばしい匂いは感じとれるというのです。後ほど述べますが、平田篤胤は勝五郎の生まれ変わりを研究対象にして、その成果を『勝五郎再生記聞《かつごろうさいせいきぶん》』としてまとめています。

わたしも祖母から「炊き立てのごはんを、まずはご先祖様にお供えしなさい」と教わりました。新潟の冬の寒い朝、吐息も白くなるほど冷えた空気に、祖霊舎にお供えされたあつあつの炊き立てごはんから湯気がのぼる様子は、今でもはっきりと覚えています。

ご先祖様は、お供えする人の気持ちと食物の気をいただくのです。

ご先祖様はあなたを見守っている

霊界では、この世で起きることを先に知ることがあります。ご先祖様はいつも子孫を見守ってくださっているがゆえにその危機を察することができるのです。

子孫に危機が訪れると、顕世で子孫を見守っている祖霊舎の奇魂や産土神社にとどまっている和魂が子孫に危機が来ることをまず察知します。もともと、それらの魂はひとつの霊ですから、神界（高天原）にいる幸魂も、それを知ることになるのです。すでに現世の存在ではない「みたま」は、直接その危機を伝えることができません。そのため、間接的な方法でメッセージを送ります。

ご先祖様はわたしたちに夢を介して様々なメッセージを届けようとしてくださいます。もし、近いご先祖様のお姿を夢で見たときには、注意しましょう。悪い夢であっても、悪いことが前途に起こりかけているのを除けさせようとするご先祖様のお働きなのです。しっかりとメッセージを受け止め、その夢の意味を考えることで災難を避けることができるかもしれません。

そうはいっても、誰でもご先祖様からのメッセージを受け取れるとはかぎりません。正しくご先祖様からの知らせを受けるためには、絶えず敬神崇祖《けいしんすうそ》を心がけ祖霊祭祀を手厚くし、霊界の先祖と愛情と信頼で結ばれていることが大切です。

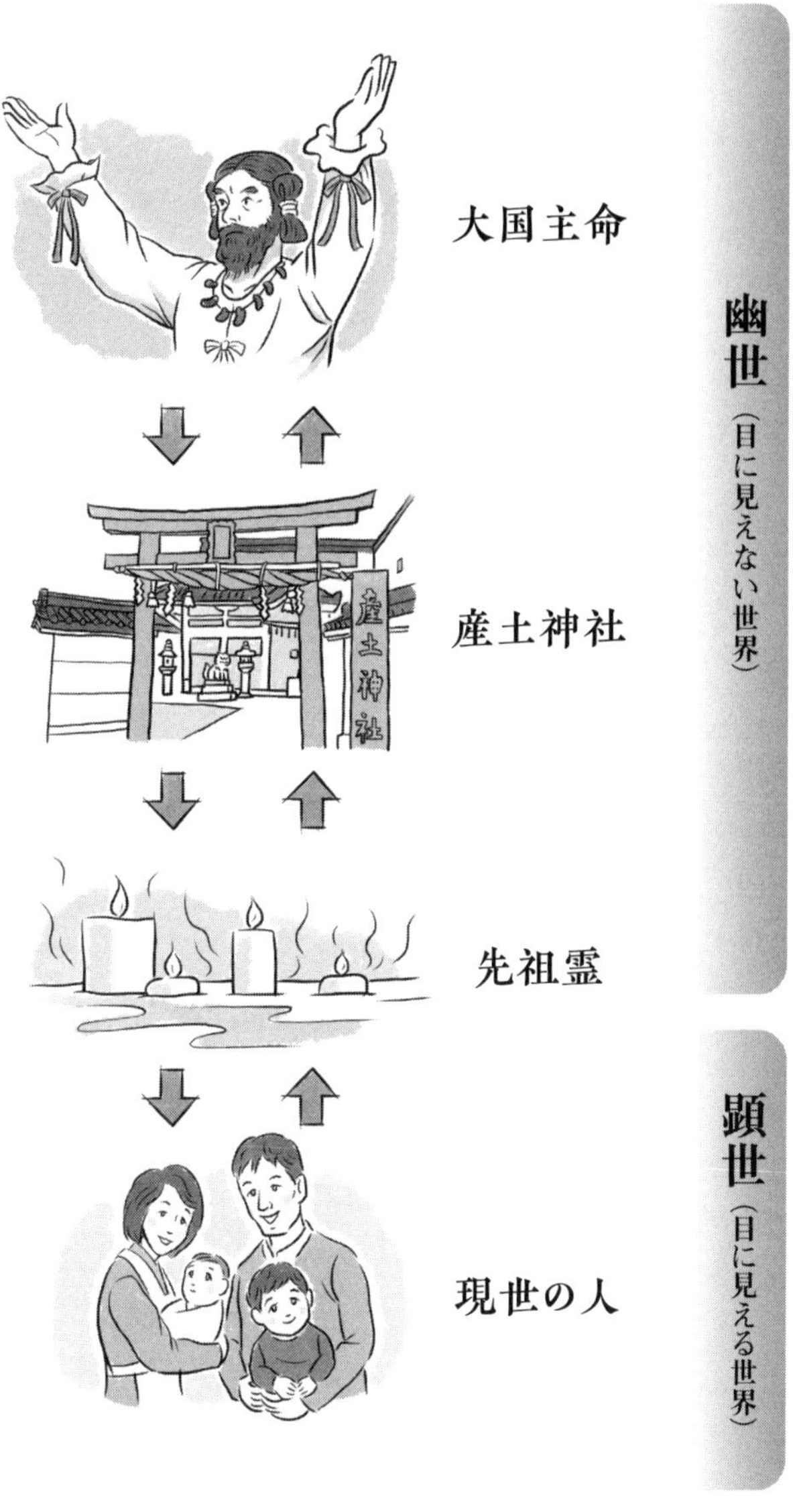
大国主命
産土神社
産土神社
先祖霊
現世の人
幽世（目に見えない世界）
顕世（目に見える世界）

「敬神崇祖」とは、神様を敬い先祖を崇めるという意味です。この四字熟語は、現在の国語辞典には掲載されていません。先の大戦までは辞典に記載されていたそうですが、戦後教育のもと、辞典から消えてしまったのです。

この「敬神崇祖」は、古来から神道の基本精神をもっとも端的に示した言葉として大切にされてきました。「敬神崇祖」は、日本人の根本精神であり大和民族の伝統的美風です。

神様を敬うためにおこなうべきは、産土神社への日参や月参りをおこなうことです。そして、ご先祖様を崇めるために必要なのは、朝夕の祖霊舎への拝礼、春分の日、秋分の日の「みたま祭」や節目節目にご先祖様の慰霊祭を執りおこなったり、折々に奥津城（おくつき＝お墓）へ参拝することです。

先祖祀りを大切にすることにより、ご先祖様の霊格向上につながります。それによって子孫を守護するお力が増していくという不思議な摂理《せつり》になっているのです。

もし、ご先祖様のなかで生前の罪穢れで苦しみ迷う「みたま」があった場合、縁がある子孫に「災難」という形でその苦しみや窮状を訴えてきます。

そんなときは、縁ある者が産土神社にお参りをすることで、神様のお光と祓い清めに浴し、「みたま」の罪を解き、許しがおこなわれ、救われていきます。言い方を変えれば、「みたま」の苦しみや迷いは、縁がある生きている者でなければ、その罪科を償《つぐな》い、消滅させることができません。

敬神と崇祖は一体なのです。

子孫の真心込めた慰霊祭は〝命の力〟を強くする

命の源流である、今は亡きご先祖様に子孫が寄せる想いは、想念の世界である霊界に反映します。

その想いを受け取られるご先祖様は「ああ、いつまでもわが子孫はわたしの存在を忘れないでいてくれる。ありがたいことじゃ」とお喜びになります。その喜びの余波は必ず子孫の慶びごととして伝わってきます。

一代前＝父母（お父さん・お母さん）

二代前＝祖父・祖母（おじいちゃん・おばあちゃん）

三代前＝曽祖父・曽祖母（ひいおじいちゃん・ひいおばあちゃん）
四代前＝高祖父・高祖母（ひいひいおじいちゃん・ひいひいおばあちゃん）
代々の祖等（よよのおやたち）
遠津御祖の神霊（とおつみやのおおかみ）
産土大神（うぶすなのおおかみ）
大国主大神（おおくにぬしのおおかみ）

子孫が自身の「縦の命」を見つめることは、ご先祖様の慰霊につながります。子孫の真心込めた慰霊祭は、〝命の力〟を強くします。「縦の命」とは、川の流れのごとく上流から下流へ、いわば先祖から子孫へと「命」＝「血」の継承がなされていくことです。

先祖が生前に犯した罪や穢れは、家のめぐりとなり、子孫を通じてその清算を求められるのです。

家のめぐりには、〝悪しきめぐり〟と〝善きめぐり〟があります。ご先祖様の善きおこないは〝徳〟という〝善きめぐり〟となって子孫に受け継がれます。

「血は水より濃い」といわれるとおり、血液とは霊が物質化したものであり、血液にはすべての〝家のめぐり〟に関する情報が籠《こも》っているのです。

江戸時代前期の儒学者である林羅山（一五八三〜一六五七）は、「先祖の魂は子孫に伝わる」といいました（『神道伝授』）。

子孫が真心でおこなう慰霊祭によって、その罪穢れは、必ず清められ、〝家のめぐり〟が解消されていきます。

子孫が禍《わざわ》いなく幸福に過ごしてもらうためには、わたしたちがおこなう日々の先祖祭祀、慰霊祭が大切です。

人生において蒔《ま》いた種は、善き種も悪しき種にかかわらず、必ず刈り取らなければならないのが法則です。与えられているこの世における有限の時間で、人の喜びと幸福につながる〝善き種〟をできるだけたくさん蒔く努力をしたいと思います。

一代後＝子（こ）
二代後＝孫（まご）
三代後＝曾孫（ひまご）

四代後＝玄孫（やしゃご）
五代後＝来孫（らいそん）

と、未来へ命はつながっていきます。

またわたしたちは祖先から今日まで、永遠の命としてつながってきました。これを「祖我一如」または「祖孫一体」といいます。わたしたちが受け継いでいるのは、肉体だけではありません。先祖の霊性もまた受け継いでいるのです。

邪悪と虚偽に満ちた根の国・底の国

根の国とは虚偽に満ちた国であり、底の国とは悪欲に満ちた醜く暗く汚れた地下の国です。邪悪と虚偽を好む者たちが集まる場所です。争闘、憎悪、怨恨、復讐、傲慢、不平不満などの想念が渦巻いています。

根の国・底の国には天の八衢で役人によって落とされた人もいますが、自ら望んでそこへ向かう人もます。この世でもゴミ屋敷に住む人が、清潔で整理整頓が行き届いた部屋に住んでも、落ち着くことができないのと同じように、根の国・底の国のほうが居心地よい人もいるのです。

根の国・底の国の入口は、ここに入るべき「みたま」のために開かれ、外の者はその入口を見ることができません。その入口には、守衛が厳しく立ち監視しています。入口からは暗い道がわずかに通じ、入り乱れ重なりあった臭気をおびた風が吹いているといわれています。

神道にはもともと「地獄」のような発想はありません。

仏教の影響を受け、日本人は悪いことをすると怖いところへ行くことになるのだという考えをもつようになったのでしょう。

『霊界物語』のなかでは、「善を表に標榜《ひょうぼう》して内心、悪を包蔵するもの、すなわち自己の凶悪をよそおい人を欺《あざむ》くために善を利用した偽善者や、不信仰にして神の存在を認めなかったものは、ただちに地獄に墜落し、無限の永苦を受けることになるのである」と記されています。

もともとあった日本人の他界観は、地方によってさまざまです。死後の「みたま」はふるさとの山に帰る、海に帰る、地下に帰るなど、とてもシンプルなものでした。そしてお盆や命日にお祭りをおこない、先祖の霊を迎え、交流をするというものです。子孫はご先祖様によって守られていることを深く自覚し、祈りを捧げていたのです。

また、慰霊をおざなりにしている家系では、祖霊（先祖の霊）から「助けてほしい」「わたしを思い出してほしい」という想いを子孫に伝えてくることがあります。

すでに肉体を失い、霊界の住人となった霊が想いを伝える手段は、病気や事故、トラブル、体調がすぐれないなどの〝めぐり〟として子孫にマイナスの影響を及ぼしてきます。そのサインに子孫が気づくまではさまざまな手段を講じて伝えてくるのです。

ただ、ここで大事なのは、祖霊からのサインといわゆる「祟《たた》り」というものは違います。先祖が子孫を祟るというようなことはなく、その発想は神道的ではありません。お願い、サインを送っているというほうが正しいでしょう。

こういった場合は、祖霊舎、場合によっては仏壇の前で、祖霊に想いを馳《は》せ、朝夕に真心をもって祈りましょう。祖霊の浄化が進みます。

その時間を重ねるほどに、実は祈る側にも変化が起きます。自分が縦のつながりの連続性のなかにある命だと気づいていくのです。そして、あなたの霊格が上がることによって、ご先祖様の霊格も向上します。霊界での祖霊の境遇がよくなれば、子孫が抱える不調も消え、子孫はよりよい方向へと導かれていきます。

スウェーデンボルグが記した『霊界日記』

生きながら自由に霊界を行き来した人物として世界的に有名なのは、前述したスウェーデン人のエマヌエル・スウェーデンボルグ（一六八八～一七七二）です。

スウェーデンボルグは自然科学、数学、物理学、哲学、教育学、心理学など二〇にもわたる学問領域で多くの研究業績をあげた偉大な科学者でもありましたが、一七四七年にいっさいの科学的研究活動を放棄。その後は霊界研究に生涯を捧げ、霊界で見聞・体験した事柄を『天国と地獄』『霊界日記』に書き記した人物です。スウェーデンボルグの霊的体験にもとづく大量の著述は大英博物館に保管されています。

スウェーデンボルグは霊界を探求するなかで、「あの世もこの世も一つの世界であり、天のことわりは神であり、天のことわりなるものが、この世もあの世も含めた全世界を作っている根本原理である」と記しています。また、「霊魂は永遠である」とも。

また、次のようなことも残しています。

「精霊界に入った霊は、ここで初歩的な〝教育〟を受けてから次の段階に進んで行く。精霊界にいる期間は、それぞれの霊によって違っているが、間違った考えが染みついてしまった者ほど、長い期間ここにいなければならない。なかには何十年も、ここにいる者もいる」

霊も進化していくもので、同じところに同じところにとどまっていては、次のステップに進めない、といいます。また、霊界については次のように述べています。

「霊界では、それぞれの国や団体のレベルによって街や住居などの貴賤《きせん》、美醜にも段階的な違いがあり、最上界の天国の霊は、えもいわれぬ美しい街、美しい住居に住み、地獄の霊たちは悪臭を放つ汚いところに住んでいる。霊の世界では、われわれがこのようなものがほしいと考えれば、その〝考え〟は樹木だろうが、道だろうが、風景だろうが形になって現われるのだ」

地獄については、罪がある者が落ちるだけでなく、自分から進んで地獄にとどまる場合もある、と語っています。

「地獄の霊は、人間だったときの悪業に対する刑罰として地獄に落とされて、そこで刑罰を受けているわけではない。地獄の霊は地獄が自分に合っているが故に、自分で自由に地獄を選んでそこに行くということであった。従来の宗教的な霊界観は、地獄は人間だったときの悪行に対する刑罰の場だという見方で、地獄のことを理解してきた、これとわたしの立場を比べてみると両者は完全に違っている」

これらはほんの一部ですが、霊界の様子については、スウェーデンボルグと出口王仁三郎が見てきた世界は類似しています。それもそのはず、王仁三郎はスウェーデンボルグの著書を研究しており、スウェーデンボルグの霊界観の影響を大きく受けているのです。

また、スウェーデンボルグは、キリスト教会で聖者とされている人びとの多くが死後、地獄に行っているのを見たと書いています。これが、欧米では世間に大きなショックを与え、大騒動になったことはあまりに有名な話です。これにより彼自身は教会関係者からは、異端の徒であり、狂人とされました。

一方で明治期に誕生した出口王仁三郎も、政府から二度も徹底した弾圧を受けています。

臨死体験研究——霊魂は存在するのか?

臨床的な死の瞬間において、オランダのザールベルグ・ファン・ゼルスト博士は、仮死状態の患者の体重測定をおこなった結果、六九・五グラムの体重が急に減少したと発表しています。また、アメリカの医師ダンカン・マクドゥーガル博士も同様の研究をおこない、二・四オンス(約六八グラム)の体重減少が見られたといいます(ライアル・ワトソン『人間は死ぬとどうなるか』)。

国が異なる二人の博士が科学的に霊魂を考察する方法として、人間の体重という側面からアプローチをおこない、臨床的な死後の瞬間に肉体から急に体重が減少する現象が共通して見られたということは、その体重はまさに「霊魂」の重さであって、われわれは肉体のみで存在しているわけではけっしてなく、肉体に霊魂が入って日々生活しているということでしょう。

一九七五年にアメリカの心理学者であるレイモンド・ムーディ博士が、死後の世界に行き帰ってきた人たちの体験を「ニア・デス・エクスペリアンス（死に接近した体験）」と名づけて発表したことにより、「臨死体験」という言葉が誕生しました。

臨死体験とは、事故や病気などで死にかかった人が、九死に一生を得て意識を回復したときに語る、不思議なイメージ体験です（『臨死体験（上）』立花隆・文春文庫）。

美しい川を見た、お花畑を見た、まばゆい光を見た、魂が肉体から抜け出した、死んだ人に出会ったなどの共通したパターンがあります。

わたしの知人は、臨死体験をした際に見たのは、青森のねぶた祭りだったそうです。山《だ》車《し》灯籠《どうろう》のそれはそれは何とも色彩鮮やかで筆舌に尽くしがたい美しい映像を見たと話してくれました。

また、わたしの指導教授であった帝京大学医学部名誉教授で、救命救急センター長をつとめられた故小林先生は、山から転げ落ちたときに、生まれてからのすべての事柄を走馬灯のように映像で見せられたそうです。その転げ落ちたときの出来事は、スローモーションのように感じたと、わたしにその体験を語ってくれました。

臨死体験研究者であるレイモンド・ムーディは、著書『かいまみた死後の世界』で臨死体験の主たる構成要素を一一の要素にまとめています。

①体験内容の表現不可能性
②死の宣告を聞く
③心の安らぎと静けさ

④異様な騒音
⑤暗いトンネル
⑥体外離脱
⑦他者との出会い
⑧光の生命との出会い
⑨人生回顧
⑩生と死の境界線を見る
⑪生還
（＊人によって体験する要素が異なります）

アメリカの精神科医エリザベス・キューブラー＝ロス博士は、二万件にものぼる臨死体験の研究から「肉体から離れると、時間のないところでの存在となる。同じように、ふつうの意味で空間や距離を語ることもできなくなる。なぜなら、それらはすべて、この世における現象だからである。たとえば、アメリカの青年がアジアで亡くなり、ワシントンにいる母親のことを思ったとしよう。彼はその思念の力によって、ほんの一瞬のうちに何千マイルもの距離をわたり、母親のもとへ行くことができるのである」としています。

想念は、エネルギー（力）を持ちます。みなさんが真心からおこなう先祖祭祀の想念は、確実にご先祖様に届くのです。

神道思想家の死後の世界観

神道は、今という時をよりよく楽しく生きることを大切にしてきており、死や死後の世界について深く考えることは長くしてきませんでした。わが国の古典においても人間の死後どこへ行き、どのような世界なのかということについては、確定的に記されていません。

しかし、近世仏教では、浄土信仰が盛んになるにつれ、民衆に対して阿弥陀仏が住む極楽浄土という理想世界をしっかりと示し、極楽や地獄の世界での様子をていねいに説くようになりました。それにともない、神道界も死後の世界観についてはっきりと民衆に示さなければならない状況に追い込まれてしまいました。やむなく定義づけや研究が深まることになっていったのです。

神道思想家とは、日本の神々への強い信仰を持ち、神々があらゆるものの根源という価値を抱いている人たちをいいます。神道思想家である①本居宣長　②平田篤胤の二人がそれぞれに主張した「死」の問題について、恩師である國學院大學名誉教授・安蘇谷正彦氏が研究された、神道思想家と「死」の問題（『神道と生命倫理』）の研究論文から整理された死後の世界観を紹介します。

①本居宣長の死後の世界

江戸時代後期の国学者であった本居宣長（一七三〇～一八〇一）は、「世の人は、貴きも賤しきも善も悪しきもみな悉《ことごと》く死すれば必ずかの予《よ》美《み》の国にゆかざることを得ず」と説き、人は死ねばみんな汚れた暗い黄泉国へ行かなければならないので、死ぬほど恐ろしいことはないというのです。

死ぬと黄泉の国へ行くという「死生観」だけを説いて、死後の「霊魂」がどこへ往くのかを追求することは不要であると考えていたのです。

また、葬儀のことについて「こまかなる事は、すべて知りがたし」（『玉勝間《たまがつま》』）といっています。古典をひもといても儒仏渡来以前の死後の世界は記述がないのです。

大阪の鶴見神社宮司の花谷幸比古氏は、『古神道死者の書』のなかで本居宣長について、「死世観」を追求するよりも、むしろ現実世界に徹して、人生をどのようにすれば充実できるかを問題にする現実主義者であり、現世第一主義者であると述べています。晩年の本居宣長は、達観した境地で「死後の安心は無きが安心（無安心即安心）」（『答問録』）といっています。宣長の説を簡単にまとめると、次のようになります。

⑴　死後の霊魂は黄泉国へ行く。
⑵　この世にとどまり現世の生活を見守り、この世の人間の幸福を助けるもの、災いをなすものがある。
⑶　先祖の御魂祭りの意義を積極的に認めている。

②平田篤胤の死後の世界

幕末維新後期の国学者である平田篤胤（一七九九～一八八〇）は、死ねば黄泉国へ行くという本居宣長の説を主張していましたが、三九歳のときに著した代表的著作である『霊能《たまの》真柱《みはしら》』で宣長の説を批判して、人は死ぬとみんな黄泉国へ行くというのは誤りである、と従来にはなかった篤胤独特の死生観を説いたのです。

篤胤は繰り返し、繰り返し、師の説であっても批判せよといっていました。宣長を尊敬することと師の説を批判することは別であるという考えです。また、黄泉国は地底にあり、暗黒の世界であるために夜見国といっています。

(1)　死後の霊魂は不滅であり、幽冥界において生きつづける。

(2)　幽冥界にもこの世と同様、衣食住が具わっている。幽冥界からこの世は見聞できるが、その逆は不可能である。また、現世における墓所が、幽冥界を表象する。

(3)　幽冥界にいる霊魂とはこの世の人々とは、祭りを通して交流できる。

(4)　死後の霊は、この世の子孫を保護し助ける。

(5)　死後の霊魂は、大国主命の審判を受ける。

(6) 人の道をはずれ悪事をなした人間は、夜見之国へ追いやられることもある。

(7) この世は仮の世であり幽冥界こそ永遠の世（本つ世）であるから、幽冥界の幸福や殃（わざわい）こそが、真実の幸福であり殃（わざわい）である。

本居宣長は、『古事記』を中心に文献解釈しながら研究をすすめる「文献絶対主義」であり、平田篤胤は文献を大事にしながらも、民間伝承や聞き取り調査をおこなった民俗学のパイオニアといってもよいでしょう。民俗学者の折口信夫（一八八七～一九五三）は篤胤を民俗学者の草分け的存在であると評価しています。

平田篤胤は、本居宣長を生涯にわたり最愛の師と慕っていましたが、実はなんと生前一度も顔をあわせたことのない子弟関係であり〝没後の門人〟なのです。

明治時代の国学者・井上頼圀《いのうえよりくに》博士（一八三九～一九一四）が亡き父から伝えられた話によると、享和三年（一八〇三）年に妻の織瀬《おりせ》がくず屋から買い取ったなかに一冊の古びた本を見つけたといいます。それが本居宣長の著作である『古事記伝』だったそうです。

織瀬は、「これは皇国の古書でございます。必ずお読みくださいませ」と篤胤に手渡したそうです（『魂のゆくえ―平田篤胤『再生記聞』を読む―』）。織瀬の強い薦《すす》めで篤胤は、『古事記伝』を読みふけり感動したといいます。

その後、篤胤は品川で本居宣長に対面するという夢を見たのです。その夢のなかで師弟関係を結び入門を許されたといいます。その場面を画家に描かせた「夢中対面図」が残されています。

平田篤胤は、霊界に関して深い関心を示し霊界研究の業績をたくさん残しています。人魂を並べた分類表、日本橋で見た「人面犬」の図、天狗に誘われて八年間を仙郷で暮らして生還した一五歳の少年・仙道寅吉の口述を記録した『仙郷異聞《せんきょういぶん》』や『勝五郎再生記聞《かつごろうさいせいきぶん》』などの著作を多数残しました。

また、妖怪にも多大な関心を寄せて『鬼神新論』（一八〇五）、『稲生物怪録《いのうもののけろく》』（一八〇六）、『古今妖魅考』（一八二八）で妖怪を論じています。

生まれ変わりの物語として有名である『勝五郎再生記聞』（文政六年六月）は、武州多摩郡中野村（現東京都八王子市東中野）に住む八歳の勝五郎という生まれ変わりの出来事を残した著書です。

生まれ変わりの話題が村だけに留まらず、江戸の文人や学者まで広がったため、とうとう幕府は、ことの真偽を問いただすため勝五郎親子を江戸に呼び出して、取り調べをおこなうことになったのです。

取り調べの結果、幕府によって勝五郎の前世の記憶は事実である、とお墨付きをあたえられました。

文政六年八月には、仁孝天皇や光格上皇に著書が献上されることになったのです。

勝五郎の生まれ変わりのお話は、小泉八雲（一八五〇〜一九〇四）が明治三〇年（一八九七）年に随想集『仏の畠の落穂』で取り上げ、これを翻訳し広く海外の人々に紹介されました。

この記事が米国のバージニア大学教授イアン・スティーブンソン博士（一九一八〜二〇〇七）の目に触れます。博士は、世界における「生まれ変わり現象」の先駆的研究者であり、小泉八雲により翻訳紹介された勝五郎の事例が「生まれ変わり現象」の本格的研究の始まりとなったのです。

中部大学教授・バージニア大学客員教授の大門正幸氏は、勝五郎の「生まれ変わり物語」が単なる伝説や伝承ではなく実際に生じた出来事である理由として『魂のゆくえ―平田篤胤『再生記聞』を読む―』の序文において以下のように述べています。

①今から二〇〇年前の出来事でありながら信頼性の高い記録が残っていること。
②記録が残っているため当事者の実在が確認されており、居住地や墓所の所在地も含めてその生涯がかなり詳しくわかっていること。
③当事者の子孫が現在もいらっしゃって、しかも互いに交流があること。
④縁《ゆかり》の地において地域の方々が勝五郎に関する本格的調査に乗り出し、単なる地域おこしを超えた立派な成果を上げていること。
⑤文豪ラフカディオ・ハーンの手によって翻訳され、広く世界で知られるようになった物語であること。
⑥英訳された勝五郎の物語がひとつのきっかけとなって、人間の心（意識・魂）の永続

性を問う学問分野が生まれたこと。

以上の六つをあげて、他の生まれ変わりの物語とは一線を画すさまざまな特徴を持っているのだといいます。神社神道には生まれ変わりの思想はありません。しかし、わたしも『勝五郎再生記聞』に触れて前世の存在を認めざるを得ないと考えるようになったのです。

これまで二人の神道思想家の主張する死後の世界を述べてきましたが、それぞれに死後に往く場所が異なり、一定の見解が出せないのが神道の死後の世界観なのです。

中澤伸宏氏は、『やさしく読む国学』のなかで、「わからぬものは、わからぬ」(『鈴屋問《すずのやもん》答録《どうろく》』)という本居宣長の言葉を引用して、「古代の日本人が死後の世界をあまり考えていなかった、現実の今の世をよりよく生きることに重きが置かれ、死後の救済など考えていなかったことを示している。中今《いまなか》に生きるとはまさにこのことだ」といっています。

また、「日本人の信仰に当たる神道が現世利益的なのはその表われであり、神社へ行って、死後の世界の安心を祈る人はいないでしょう」ともいっています。

神道の死後の世界は、カオスであり答えのない世界です。お社の歴史や成り立ち、神職によっても考えが異なり、統一した回答がないのが現実なのです。しかし、死後の世界は存在するということ、また子孫が先祖祭祀という祭りをおこなうことで「みたま」との交流ができる、という点が、共通しているといえるでしょう。

霊魂や来世は存在する

霊魂や来世の存在について浄土宗僧侶で仏教学者の松濤弘道《まつなみひろみち》氏は、この問題を三通りに分類できるといいます。

①霊魂や来世は「存在する」
②霊魂や来世は「存在しない」
③コトとして、たとえば個人や関係者の記憶や影響のなかに「存在する」

「霊魂」「来世」の概念（意味や内容）を明確にしないかぎり、水掛け論に終わる可能性があり、一概にいずれが正しいか判別し判断することは難しいと述べています（『世界葬祭辞典【普及版】』）。

わたしは、神道を信仰する神職として霊魂という存在を信じています。

ものごとすべてに霊性を見出して、それを重んじる信仰心がないかぎり、日々神社でおこなっているお祭りのすべてが、無意味な行為となってしまいます。

霊界や霊の存在について、科学によって客観性のもとに可視化しようという試みも大切ではありますが、科学が介在することが絶対にできない世界が人類にはある、ということを知らなければならないのではないでしょうか。

人類が関係者の死を悼み、何らかの追悼の儀式を営むようになったのは、今から五万年前だといわれています。

松濤弘道氏は、一九六〇年にアメリカの人類学者ラルフ・ソレッキーが、イラクのシャダルーニ洞窟内で五万年前に死んだと推定されるネアンデルダール人の遺骨を発掘し、その周辺に群生植物ではないアザミ、タチアオイ、ヤグルマソウの花粉を発見したということを根拠に、このように遺体を丁重に葬った事実こそ、人類最初の埋葬の起源であり、同時に宗教の起源を示していると述べています（『世界葬祭辞典【普及版】』）。

人類は、五万年もの前から死後の世界を信じ、死者に対してなんらかの祭祀や儀礼をおこない、死後の生活がけっして困ることがないように副葬品を遺体の側に添え、慰めの心の現われとして遺体のまわりを生花で埋め尽くして、お墓を設け埋葬してきたのです。

神葬祭で、遺族が棺のまわりを囲み、それぞれの思い出や悲しみを抱く様子や、故人のお顔を見ながら色とりどりのお花で棺のなかをいっぱいに埋めつくし、涙を流す光景を目にするとき、家族愛や情愛を感じざるを得ません。

心のなかは霊界であるといいます。

心で故人を偲び想うことは想念の世界であり、その場にわたしは慰霊の本質を見ます。

神職であるわたしが祭詞を奏上することよりも、遺族の想いのほうが、肉体を失った「みたま」に届くのだと確信する場面でもあります。

第四章

あの世とこの世のことわり

わたしたちは「中今」を生きている

さて、ここまで読まれて「幽世」(かくりよ)はまだ遠い世界のように感じられたでしょうか。

顕世(うつしよ)と幽世の関係を松の木に例えるのであれば、目に見える幹や枝葉は顕世であり、土に隠れて見えない根は幽世です。根が悪くなれば松の木は枯れてしまいます。幹や葉から病気が入ることで、全体が枯れてしまうこともあります。どちらが欠けても松の木としては存在できないように、密接につながり、存在しているのです。

また、現実世界を「顕世」というのは、幽世を写した世界、という意味もあります。顕世と幽世は〝合わせ鏡〟ともいわれるように、幽世で起こったことは必ず何かしらの形をともない顕世に現われてくるといわれています。

わたしたちの本体は、「みたま（霊魂）」です。「みたま」が肉体に宿ることで、苦しみや喜びを味わい、さまざまな体験をすることができます。その体験によって、「みたま」が磨かれていきます。

そして肉体から「みたま」が抜けた時点で、人間としての「死」を迎えるのです。

また、帰幽するそのときに吐きだす息を、子孫が吸い込むことで、その「みたま」は子孫のなかに宿り、連綿と受け継がれていきます。

前の章でもふれましたが、「生き通し」という「黒住教」教祖・黒住宗忠の言葉があります。人の死は命の終わりを意味するものではなく、神様からいただいた「みたま（霊魂）」は不滅であり、永遠に続くというものです。

このような過去から未来に続く、長い時の流れのなかで生きる今を、神道思想では「中今（なかいま）」といいます。

今、わたしたちは「はじまり」も「終わり」もなく、「中今」を生きています。

「中今」とは、遠い過去とまだ見ぬ遠い未来をつなぐ「今」のことです。この瞬間、瞬間を精一杯誠実に生きること、命を充分に謳歌《おうか》することが、わたしたちの生きる意義です。

さて、ここからあの世とこの世のことわりについてお話をしていきましょう。

あの世へつながる祈り

神職として神葬祭の斎主をつとめていると、不思議な体験をすることがたびたびあります。

「仲執り持ち（なかとりもち）」という、みなさんの祈りを神様にお取次ぎする役割である神職には、不思議な経験をする方も多いようです。

あるとき、わたしは神葬祭のさなかに急に胸が痛くなったことがあります。

なんとか斎主をつとめ、「もしかしたら」と思いご家族に詳しくお話を伺ってみると、「主人は心臓の病気だったのですが、まさかこんなに早く亡くなるとは……。つい先週、一緒に旅行に行ったばかりなんです。本人も驚いているのではないかと思います。来月は娘の結婚式なんです」とのことでした。

こういう経験は珍しいことではありません。

しかし、すべての神葬祭で感じるわけでもありません。どうやら「みたま」の生への執着がなかなか断ち切れないときに感じるようです。

わたしが神葬祭の講話で霊界、あの世のお話をするのは、ご遺族のためばかりではありません。

天の八衢で聞いているであろう「みたま」に「あなたは死んだのです」とお伝えしているのです。

この世への執着を断ち切り、霊界での生活を明らかに示し、救いをもたらす意味があるのです。そしてご親族が、故人の気配を感じるようなことがあったときは、その方に思いを馳せ、祈ってください、お祀りしてください、とお伝えしています。

また、「みたままつり」(仏教でいう法事)の斎主をつとめると、ひどい頭痛がすることがたびたびあります。

そんなときの「みたま」は、霊界でも低い境域にいらっしゃるようです。救いを求める「みたま」は、縁ある人に祈ってもらうことを願い、多くのエネルギーを必要としています。わたしにそのことを知らせてくださっているのだと思っています。

親族が朝夕手を合わせ礼拝することによって、「みたま」は救われ霊格が向上していきます。祈りはエネルギーなのです。また、ご先祖様のなかで根の国・底の国に落ちた「みたま」にとっても、祈りが最善の救いとなり、喜びとなります。先祖祭祀は、子孫にとって重要なつとめなのです。


救急救命士として高度救命救急センターに勤務していたとき、搬送されてきた方に付き添うご家族の祈る姿を垣間見ることがたくさんありました。

ご家族は初療室に入ることができませんので、待合室で待機します。

愛する人、かけがえのない人の危機に、何もできないご家族は自然と「祈り」を捧げるようです。何の邪念も私欲もなく、ただ大切な人の回復のためだけに祈るその姿は、純粋で清らかな行為です。

しかし、残念ながら助からない命もたくさんあります。

でもそれは、神様のご差配によって定められたものです。

ですから、そういったとき、「祈りむなしく」とか「祈りが届かなかった」などとはけっして考えないでください。

肉体を離れた「みたま」にご家族の祈りは必ず届いています。

そしてその祈りは、「みたま」がこの世に執着することなく、霊界に安定して進むエネルギーとなるのです。

祖我一如――命はつながっている

自分の命は誰のものか、と考えたことがありますか？

自分がこの世に生まれてくるためには、両親の存在が欠かせません。

そして両親が生まれてくるためには、お父さんの両親、お母さんの両親が必要です。

そして、おじいさん、おばあさんにもそれぞれ両親がいます。

どれほど時をさかのぼったとしても、そのつながりに終わりはありません。そして、やがて自分も、自分の子や孫に続く命のひとつとなっていくのです。

こういったことを示す言葉に、神道では「祖我一如（そがいちにょ）」というものがあります。

これは、「わたしは子孫であり、先祖である」という意味です。

「わたし」は太古から連綿と続いてきた命の末裔（＝子孫）であり、ここから未来へと続いていく命の祖先となる者、という意味です。

遥かなる時を超えてここまで運ばれ、手渡された命のバトンを次の走者に渡す「命の継承者」である、ということなのです。

前述しましたが、高度救命救急センターで、神様から与えられた命を自ら絶ってしまう人をたくさん見てきました。

その「死」が当事者だけで完結することはほとんどなく、顕世では、家族やまわりの多くの人を傷つけ深く悲しませます。

一方、幽世では、ひとつの大切な命のバトンが取りこぼされたことにより、遥か遠い未来へと続くはずだった「命」が失われてしまったことになります。

もし、いつか、あなたの人生に、あるいはあなたの近くにいる誰かの人生に、消えてしまいたくなるほどに辛い日が訪れたときは、この「祖我一如」をぜひ思い出してください。

遠い未来に生まれるはずの命のためにも、苦しい時代を生き抜いてきたたくさんのご先祖様の命のためにも、あなたの命はあなただけでのものではなく、かけがえのないものであることを。

そして、「中今」を生きるわれわれには、それぞれに与えられた使命というものが必ずあり、そのために生かされているのだということを。

呼吸は、霊界との交流

日本人は、「生きる」ことは、「息をする」ことであり、「息をする」ことは、すなわち「生きる」ことだと、とらえてきました。

神道では、この世への誕生を産土神様から命をいただくことと考えます。

赤ちゃんが産まれたときの第一声を「産声《うぶごえ》」といいますが、その息は息吹（いぶき）です。

山蔭神道第七九代宗家の山蔭基央氏は、産声を「おお神よ！　この世に生まれたぞ！」という勝どきの声であると述べています。そして、生みの親から息を受け継ぐ存在を「息子」「息女」「ご子息」「ご令息」といったりします。

また、古代やまと言葉では、「し」は「息」「風」を意味していました（『岩波古語辞典』）。古代の日本では、息がとまることが「死」であったのです。

死ぬときは「息を引き取る」「息絶えた」ともいい、生き返ったときには「息を吹き返した」といいます。

人は母の胎内から誕生し、最初の息でこの世へ第一歩を踏み出すのとちょうど対照的に、最期の息で次の世界、あの世へと旅立っていくのです。

バイタルサインという言葉をご存じでしょうか

バイタルサインとは、呼吸、脈拍、血圧、体温、意識のことであり〝生命の徴候〟といわれるものです。医療従事者が医療の現場で呼吸数を確認するときに、患者さんに「これから呼吸数を確認します」などとはけっしていいません。なぜなら、そんなことをいわれると変に意識して呼吸をすることになるので、正確な呼吸数が確認できなくなるからです。

呼吸は、バイタルサインのうち唯一自身で意識的にコントロールできるものです。武道を志す人のあいだでは「呼吸を制する者は勝負を制す」ともいわれ、普段まったく意識していない呼吸を、意識的にその方法を変えるだけで動きが変わるといいます。

顕在意識をこの世、潜在意識をあの世と考えると、呼吸は霊界の入口に欠かせないものともいえます。

わたしたちは役目を持って生まれてきている

最近、胎内記憶や中間生記憶（胎内に宿る前の記憶）を持って生まれてくる子どもたちが増えているそうです。実はわたしにも、この中間生記憶があります。

日本の胎内記憶研究の第一人者である産婦人科医の池川明先生と対談させていただいた際、わたしの記憶について話をしたのですが、四〇代で中間生記憶を持つ男性は少ないそうで、大変驚いておられました。

胎内記憶とは、子どもがお母さんのお腹のなかにいたときのお母さんの言動や出来事を出生後も記憶しているというものです。本来はすべての人間が持っていてよいはずですが、分娩時の痛みや苦しみにより消えてしまうか、もし残っていたとしても成長にともなってその記憶は薄れていくといわれています。

妊娠中になぜだかスイカが食べたくなり、毎日のようにスイカを食べていたお母さんに、「毎日のようにお母さんはスイカを食べていたよね」と子どもが突然いったり、TVから流れてきた音楽に、「この曲、知ってる！　お腹にいたとき僕も聴いてたよ」といったりします。胎教が、いかに大切であるかがわかります。

そして、「中間生記憶」とは、胎内に宿る前の記憶です。中間生とは、生まれてくる前の「霊界での記憶」になります。では、わたしが持つ「中間生記憶」のお話をしましょう。

記憶しているのは、満天の星空に眩《まぶ》しいほどの色鮮やかな銀河。

澄みきった空気が流れる雲の上でわたしは神様と向き合っていました。

わたしの目の前には、真っ白な長い髭に真っ白な髪、まつ毛も真っ白で、真っ白の衣装を身にまとったおじいちゃんの神様がおられます。

長い木の杖を左手に携え、にこやかな笑顔で、わたしを見つめておられます。仙人のような方とお伝えするとイメージしていただけるでしょうか。

この神様は、わたしがこの世に誕生する際にお力添えをいただいた産土大神様であり、生まれ故郷の新潟県村上市岩船に鎮座する、石船《いわふね》神社の御祭神様です。

そして、わたしはというと、「みたま」の姿でおじいちゃん神様と向き合っています。どんな姿かというと、「水晶の珠」のように光り輝く球体として明るい星空にプカプカと浮いているのです。「水晶の珠」そのものがわたしの生命であり、その認識がわたしの記憶として鮮明にあるのです。

おじいちゃん神様とわたしは、しばしの時間を無言のまま共に過ごしました。時間といってもこの世の時間の流れとは、まったく違う時空間の流れです。

それは、一瞬の時のようで、長く濃密な凝縮された不思議な時間です。

そして、そうこうしているうちに、わたしの生まれるさまざまな条件や乗り越えるべき課題、使命など、産土大神様によってご調整が図られたようです。

必要な学びに最適な環境である家、親、兄弟が決まり、おじいちゃん神様は、わたしの手を強く握り、波動による愛に満ちた言葉で確かにこう伝えたのです。

「頼むぞ！」

「わかりました！」

この言霊のエネルギーが「水晶の珠」に満たされたとき、神様の慈愛につつまれてとめどなく涙が流れました。そして、銀河の夜空からものすごいスピードで地球にいるお母さんのお腹めがけて入りこんだのです。

そこで、わたしの記憶は終わっています。

部屋に現われた白龍のお告げ

今でも神夢として白髭のおじいちゃん神様が、白龍に変じてお姿を現わされ、お告げをいただくことがたびたびあります。

これはわたしが大学生だったときの話です。

夕食を済ませ、その日は疲れていたのでシャワーを浴びて、すぐに布団に入りました。しばらくうとうとしながら、そろそろ眠りに落ちそうな頃合いで、部屋の玄関の扉が勢いよく開いたのです。

玄関の扉はしっかりと鍵をかけたはずです。扉が勝手に開くということはあり得ません。わたしは、心臓が飛び出しそうなぐらい驚きました。意識ははっきりしているにもかかわらず、身体を動かすこともできません。ただ布団の上で横になっていました。

そんな状況でありながら、自分に起きている出来事に恐怖や不安はまったくありませんでした。急に次元が変わったような感覚というのでしょうか。

扉が開いた玄関に目をやると、「この先は宇宙につながっているんだなあ」と感じました。すると驚いたことに、澄んだ清らかな空気が部屋全体に流れ込み、パーッと明るい光とともに大きな大きな白龍の頭が玄関先から入ってきたのです。

あまりにも大きな龍体であったため、尾までは部屋に入ってくることはできないようです。背には美しい天女様（天津乙女）が乗っておられました。

金色に輝く龍眼の大きく清く澄んだ黒い瞳が、わたしの視線と合いました。どれくらいその時間が続いたのかはわかりません。

白龍の大きな瞳に吸い込まれそうな感覚に抗いながらも、いつまでもいつまでもその時間が続いてほしいという不思議で神秘的な時間であったことをよく覚えています。

やがて、白龍は向きを変えて玄関からお帰りになりました。

わたしはというと、そのまま深い眠りに落ちました。翌日目が覚めても、あの出来事がはっきりと記憶に刻まれており、夢ではなかったことを実感しました。本当に考えられないような神秘体験です。なにせ『まんが日本昔ばなし』のオープニングの龍にまたがる子どもが空中を泳ぐ光景のように、天女様が白龍にまたがり、わたしが布団で寝ている部屋に入り、わたしの横たわる身体の上を泳いで消えていったのですから。

白龍のことが気になりながらも、時間が経つとともに日々のいそがしさに取りまぎれ、思い出すことが少なくなっていきました。

大学の教員をしていた二〇〇三年のある日、フジテレビでドラマ『Dr.コトー診療所』が放送されました。その主題歌である「銀の龍の背に乗って」を耳にしたとき、わたしには大学生時代の白龍とその背に乗る天女様とお会いした、あの体験が鮮やかによみがえってきたのです。

この曲を中島みゆきさんがどのような想いで作られたのだろうか。その答えをどうしても知りたくなりました。調べてみたところ、この詞は龍の視点で書かれたものなのだそうです。

命に向き合う医師たちは孤独で心細く、ときに痛々しい。そんな彼らの勇気のために、命の水の化身である龍に頼みごとをしたかったといいます。では、なぜ「銀」なのか？　それは「手術用のメスの色」なのだそうです（『中島みゆき・二一世紀ベストセレクション『前途』』）。

わたしの産土神様のご祭神の一柱に、高龗神（タカオカミノカミ）がいらっしゃいます。この神様は、京都の貴船神社のご祭神で、ときに白龍や白馬に化身することがあると伝えらえています。つまり、石船《いわふね》神社の白髭のおじいちゃん神様が、白龍に変じてわたしの前にお姿を現わされたのでした。

何をわたしに伝えたかったのか。白髭のおじいちゃん神様の白龍からお言葉をいただくことはできませんでした。しかし、そのお姿を拝むことにより、神霊は実在するのだということを教えていただき、神主修行の大学生だったわたしが、神様への信仰をより深めることにつながったのです。

子どもたちはなぜ胎内記憶を語るのか

しかし、そんな胎内記憶や中間生記憶を持つことは、本人にとってよいことだとはいえない面もあります。

バージニア大学医学部知覚研究所の調査では、前世の記憶を多くは三〜四歳で話しはじめ、七〜八歳ごろからその記憶を失うといいます。

このような子どもたちの価値観や言動に、まわりの人が違和感を覚えるため、発達障害や適応障害などと診断されることもよくあるようです。

目に見えない世界にものごとの本質があることを生まれながらに知っているゆえ、われよし、ひとりもの勝ちの価値観や、財力、学力、軍事力という力を背景にエゴを推し進める生き方には、興味や喜びを示しません。

行き過ぎた物質主義的価値観への違和感を敏感に感じ取り、そのままストレートに表現してしまうため、しばしばまわりから理解されないということが起こるのです。

では、なぜそういう子どもたちが増えているのか。わたしは、その理由を人類に対する神様の御神慮によるものだと考えています。

日本胎内記憶教育協会・副代表理事で株式会社スコーレ・代表取締役の土橋優子さんは、神奈川県藤沢市で乳幼児総合教育施設を経営しています。

保育士でもある土橋さんは、自身の経営する施設で預かっている子どもに対して、「なぜ、今の時代に生まれてきたの？」という質問をするのだそうです。

次世代を担う子どもたちの健全な成長を支援するという理念のもとに、子どもの魂の奥底にあるこの世での使命や、本当に伝えたいことを分かち合うことが、良質な保育につながるという考えで、そのような質問をするそうです。すると、「今が大事なときだから。地球を救うためにやってきた」と答える子供が多いといいます。

日本胎内記憶教育協会とは、子どもたちが語る胎内記憶の調査研究にもとづき、赤ちゃんや子どもたちと一緒につくった教育メソッドで、大人も子どもたちも共にしあわせになる「胎内記憶教育」（人生最初のお腹のなかから始める教育法）を、お産や幼児教育の現場で実証し、つねに進化させながら、世界中に広める活動をしています。

わたしも、この協会の胎内記憶教育認定講師として、自身の「中間生記憶」について講演する活動をしています。

新型コロナ、世界的な異常気象、深刻な環境破壊、食糧危機、飢餓、貧困、凶悪犯罪、薬物汚染、戦争によって地球という星は悲鳴をあげています。そんな地球を心配される神様は、明確に「地球を救う」という決意を持って誕生を志願する「みたま」を地球に送り込んでくださっているのではないでしょうか。

なお、わたしの記憶にある中間生はなにも特別なことではありません。みなさんも経験されているのですが、覚えていないだけなのです。産土神様から与えられた役割をわたしたちみんながもっていて、それを全うするための人生を歩んでいるのです。

わたしが中間生の記憶でいただいた役割は、「救い」であり、「あの世のことわり」をみなさまに伝えることなのです。

自分のルーツを知ると感謝の心が生まれる

日本人の生命観は、親から子、子から孫へと血と心の連続性という縦の線を重んじる国柄であり、先祖祭祀はまさに縦文化そのものです。

しかし戦後、ＧＨＱによって財閥解体、農地解放がおこなわれ、すべての国民が横並びになりました。若い人は、もはや縦の文化、そして「縦の命」を考えたことすらないかもしれません。

みなさんは、自分の家のシンボルマークである家の紋、家紋が何かご存じでしょうか？家紋は約二万数千種類以上あり、それぞれに名前がつけられています。わからないという方がいらしたら、ご実家や親類に訊《き》いて、ぜひ知っておいてください。自身のご先祖様が歩んだ歴史のなかでそこに込めた思いや抱いた感情、ものの考え方について、家紋に思いを寄せることで、先人が伝えたかったメッセージを受け取ることができるかもしれません。

わたしの鈴木家の家紋は「丸に木の字」です。表紋（男紋）といわれるものです。

また、「稲紋に木の字」という裏紋（女紋）もあります。裏紋に関しては、すべての家系が有しているわけではありません。

鈴木家は越後岩船の地主である旧家で、稲作に関わりが深かったことから稲穂の紋が用いられています。

また、穂積氏を祖とする子孫である「鈴木」です。

穂積氏とは、饒速日命（ニギハヤヒノミコト）を祖先神とする物部氏族の正統になります。

大和国（奈良県）山辺郡穂積邑や十市郡保津邑を本拠地とした有力豪族でした。

「木の字」は紀国（和歌山県）の熊野に由来します。

神武天皇以前に大和入りした豪族の末裔が時を経て越後に定住したようです。

わたしが今、熊野神社にご奉仕させていただいているのは、きっと祖先からの深いご縁あってのことだと思っています。


自分のルーツを知るためには、家系図作りもおすすめです。

自分のルーツや家系を知ることで自然と感謝の気持ちが生まれてきます。きちんとご先祖様のお祀りをされているご家庭でも、直系のご先祖様だけを慰霊されているご家庭が多いのではないでしょうか。

しかし、わたしは傍系のご先祖様も大切にすべきだと考えています。

直系先祖は一般的には父方であり、今現在、名乗っている苗字のご先祖様です。

傍系先祖とは、母方や妻のご先祖様など、直系先祖以外のご先祖様になります。

わが家の祖霊舎では、直系の鈴木のご先祖様、母方のご先祖様、そして妻の両親のご先祖様を祀っています。

わたしたちは、両親の血を平等に受け継いでいます。

ご先祖様から受け継ぐ縦の線を整え、家が栄えれば、縦の糸と横の糸とのバランスがとれて、人生という織物が美しく織り上がります。

すると、不思議と自身の周辺が整い開運していくのです。

ぜひ、傍系先祖にも感謝の気持ちをもって慰霊祭をおこなってください。縦につながる命を整えていくことは、必ずやこの世界をよりよい方向へ変え、生きやすくしてくれるでしょう。

お盆は霊界の扉が開く期間

「穂見祭《ほみ》」という言葉をご存じでしょうか。

これは神道の「ぼん祭」、つまり「お盆」のことです。「穂見月（ほみつき）」は稲穂が見える月のことで、文月（ふみつき）がその語源であるともいわれています。現在の七月がその時期にあたり、田んぼを見れば、一面の青い穂におおわれている光景を目にすることができるでしょう。

「穂見月」を言霊学から分析すると「穂」はハ行で「ヒ」に通じ、ヒは「火」や「霊」とも書きます。これらの文字は霊魂を意味するため、霊魂に会うための月であるという解釈もあります。「ぼん祭」は、稲穂の見える穂見月におこなうお祭りなので、「穂見祭」ともいうのです。

お盆の期間は、七月一三日～一五日になります。神道では、この期間は「霊界の扉が開く期間」であり、そこを通って霊界からご先祖様が帰ってくるといわれています。

民俗学者の上野誠氏は、「日本人の祖霊とは他界と現実世界を自由に往来することができる存在である」「決められた〈時〉と〈場所〉において、他界からやって来るものとは交流するものだった」（『神葬祭総合大事典』）といっています。

お盆というと仏教の供養《くよう》だと思っている方が多いかもしれません。お盆という呼び名は、仏教の盂蘭盆《うらぼん》（陰暦七月一三日〜一六日の四日間を中心におこなわれる、祖霊を死後の苦しみの世界から救済するための仏事）の略語といわれています。

しかし、お盆の行事の内容自体は、神道がおこなってきた祖霊様を迎える「ぼん祭」に由来しています。

お盆はお正月と並び、日本民族の信仰心を培《つちか》ってきた原点ともいえる行事なのです。

また、お盆という言葉は、祖霊様へのお供え物を祭盆《まつりぼん》（祭事用のお盆や三方）に載せて、霊前や奥津城（おくつき＝お墓）前に供えることに由来しています。

神道のお盆の過ごし方

七月一三日：「迎え火」＝奥津城（お墓）に参拝し、夕方に「送り火」を家の門前で焚《た》き、ご先祖様をお迎えします。

七月一五日：「ぼん祭・中元祭・穂見祭」＝産土神社の神職を迎えて「みたま祭」をおこなう。

七月一六日：「送り火」＝夕方に「送り火」を家の門前で焚き、ご先祖様をお見送りする。

（「迎え火」や「送り火」をせずに、「迎え団子」と「送り団子」を供えて、これに代える地方もあります）

東京や一部地域では、新暦の七月におこなわれていますが、全国的には八月（旧暦の七月）におこなわれることが一般的です。また、亡くなった日から一年以内のお盆を「新盆」といいます。

霊界から「みたま」が帰ってくるのは、言い伝えからもうかがい知ることができます。「お盆の時期は水（海や川）に入るな。足を引っ張られるぞ」といわれたことがある人は多いのではないでしょうか。

科学的に証明することはできないのですが、わたしにはただの言い伝えだとも思えません。長年、海岸救護所で日本赤十字社水上安全法指導員をつとめた経験上、お盆に水難事故が多くなる傾向はたしかにあるのです。

霊界の扉が開き、お盆に帰ってくるのは、子孫からお祭りを十分に受けている「みたま」だけではありません。お祭りを受けることができず、不安定な「みたま」も救いを求めてこの世にやってくるのです。

その「みたま」は、この世をさまよい、地縛したり、誰かに憑依《ひょうい》することもあります。それにより、事故が誘発されるとわたしは考えています。

祖霊祭祀のお祭りは、穂見祭（お盆）だけではありません。

日本人は儒教や道教、仏教が渡来する以前から、お正月、年二回の日願（彼岸）にも手厚い祖霊祭祀をおこない、子孫が繁栄し、「縦の命」が末永く続くことを祈りつづけてきたのです。

先祖祭祀というと仏教をイメージするかもしれませんが、インド本来の仏教には、先祖祭祀という考え方はありませんでした。日本に渡来し、神道が大切にしてきたわが国固有の先祖祭祀を取り入れ、姿を変えて現在にいたったのが日本仏教なのです。

お彼岸は本来、「日願（ひがん）」と表記します。一年で昼と夜の時間がまったく同じになる、「春分の日」と「秋分の日」がお日願の中日であり、その前後三日間を日願といいます。農耕民族である日本人は、古来からこの神秘的な期間をとても大切に思い、春は五穀豊穣を祈り、秋は収穫の感謝の祈りを神々様に捧げてきたのです。

なお、皇室では、春分の日には「春季皇霊祭」、秋分の日には「秋季皇霊祭」がおこなわれます。

皇霊祭とは、宮中で歴代の天皇を祀る先祖祭で、皇霊殿でおこなわれています。皇室は、萬世一系「縦の命」を脈々とつないでこられ、今上天皇で第一二六代を数えます。世界に類を見ない王室・王族であり、最古の歴史と権威を有する男系男子の皇統なのです。

水子・流産児の慰霊祭

厚生労働省の平成三〇年度衛生行政報告例によると、一年間に失われる胎児の生命は届け出数だけでも約一六万件。そのうち一〇代の中絶件数は約一万三六〇〇件。

また、二〇一七年に米国の民間団体グローバル・ライフ・キャンペーンが発表した「中絶世界報告書」によると過去一世紀のあいだに世界一〇〇カ国・地域で中絶された胎児の数は合計一〇億を超えるといいます。

マザー・テレサが来日にされた際に「日本はとても豊かな国です。でもお腹の赤ちゃんを中絶する心貧しい国です」「弱いもの、小さいものを尊重しないということは、平和になれるはずがない」と述べています。

お腹のなかの胎児は、それぞれちゃんと意思を持った人間であること、かけがえのない個性と使命を持って宿ったということを忘れていないでしょうか。

水子とは、自然流産、人工流産、死産した胎児のことをいいます。

古事記に登場する、水蛭子（ヒルコ）が転じて水子といわれるようになりました。伊邪那岐命（イザナギノミコト）と伊邪那美命（イザナミノミコト）のご夫婦のあいだから産まれた最初の赤ちゃんが水蛭子（ヒルコ）です。

水蛭子（ヒルコ）は、「手足はあるが骨のない水蛭（ひる）のような子」として身体が不自由な状態で生まれてきました。

伊邪那岐命（イザナギノミコト）と伊邪那美命（イザナミノミコト）は、その水蛭子を葦の船に乗せて海に流してしまわれたのです。

その船が、摂津国西の浦（兵庫県西宮市）に漂着し、漁師の戎三郎《えびすさぶろう》に拾われ、戎大神《えびすおおかみ》になられました（『源平盛衰記《げんぺいせいすいき》』）。戎大神をお祀りしているのが西宮神社です。

一般的にご先祖様の慰霊祭はおこないますが、流産・死産児の慰霊祭をおこなう家庭はほとんどないといってもよいでしょう。

自分だけでなくご先祖様をさかのぼれば、流産・死産児がいない家はありません。

周産期医療や母子保健の整備されていない過去の日本では、たくさんの赤ちゃんやお母さんの命が失われていた事実があります。

流産・死産児は縁ある人からの慰霊を待っています。

流産・死産児については、帰幽年月日（流産した年月日）が不明の場合が多いため、慰霊を忘れがちになります。そして不妊症に悩む夫婦の方がおられるならば、夫の父方、母方、妻の父方、母方のそれぞれの家の流産・死産児の慰霊祭を神社でおこなってもらうのもよいでしょう。親や家族が縁ある者としてきちんと慰霊祭をおこなうことが大切なのです。

慰霊の真心は、必ずやこの世に生まれなかった赤ちゃんの「みたま」に届きます。霊界に行った「みたま」の成長を助ける力強い後押しとなることでしょう。

水子の慰霊祭については、お住まいの近くの神社にご相談ください。

出産後の人生儀礼について

人は生まれる前から親の祈りによってはぐくまれ、成長の段階によって通過儀礼を経ていきます。

人生儀礼とは、人が生まれてから死ぬまでのあいだに、段階ごとにおこなわれる儀礼のことであり、数多くの儀礼はすべて神事につながっています。

日本人はこれらの儀礼を何気なくおこない、子から孫へと伝えていますが。この儀礼には生命につながる大切な意味があるのです。その儀礼について解説していきます。

出産

人が一生のうちで通過する最初の人生儀礼です。出産は生死に関わる一大事であり、安産と母子の無事を願い、産土神社などで祈願がおこなわれます。妊娠がわかるとお産のための〝宿移り〟（やどうつり）がおこなわれます。その子どもが祖先の神の魂を受け継いで生まれてきたものと考えて、出産があると村じゅうが一日か二日間忌み籠《こも》るところがありました。

妊娠五カ月の戌《いぬ》の日に、犬の多産とお産が軽いことにあやかり、「岩田帯」を締める「帯祝い」がおこなわれます。

「岩田帯」とは、妊婦が締める腹帯のことであり、さらし木綿を用います。産土神社で御祈祷していただいた「岩田帯」や嫁の里方から贈られる風習があります。

産湯

赤ちゃんが生まれ、初めて入浴させることを、産湯《うぶゆ》をつかわせるといいます。

産湯とは、産土神のお守りくださる土地の水で、神様の霊威と神気が籠るお水でお清めすることが「産湯をつかう」ことなのです。

赤ちゃんが産湯によって「お清め」がおこなわれると、産着にくるまれます。産着とは一つ身のおくるみのことです。

初宮詣をする三〇日前後、または一〇〇日に「晴れ着」としてはじめて一人前の着物の袖を通します。

それまでは、一人前として扱わずに神様にご遠慮申し上げて、しばらくおくるみのままで過ごすのです。

産着は、母方の里の親から贈られるのが通例です。

産飯

産飯《うぶめし》とは、お産の直後に炊いたお赤飯を産土神に供え、ご飯をお母さんや赤ちゃんをはじめ家族やお手伝いの人、向こう三軒両隣のご近所にお配りして食べてもらうことで、喜びをわかちあうのです。

たくさんの人に食べてもらうことによって祝福を受けるのは、赤ちゃんの将来をこれによって予祝（前もって祝うこと）する日本人の知恵です。

神様と同じ釜の飯をいただくことによって、産土神の霊威をいただくとともに、産土神に感謝するのです。

命名

命名は子どもの命に対して名前をつけることで、生後七日目に名をつけるのが普通です。

地方の風習によっては。三日目・七日目・一一日目・一四日目に名づけをおこなうところもあります。これは、お産の忌みから開ける期間によるものです。

名は体を表わすといわれるように、子どもに名前をつけることによって霊性が具わり、その働きとして人格が完成していきます。子どもの将来をあれやこれやと考えぬいてつけられた名前が決まると、それを奉書や半紙に墨にて浄書して神棚の前に吊るし、お披露目するのです。

お食い初め

「お食い初め」は、生後五〇日または一〇〇日目に大人たちと同じものを食べる儀式で、祖先の神霊を継承するという社会の公認という意味があります。

茶碗・箸・膳を新たに整え、お赤飯と尾頭付きの魚（ホウボウ・タイ・カナガシラ・イシモチなど）、なます、煮しめ、お吸い物、神霊の籠るしるしの小石「歯固めの石」を準備して、お赤飯一粒か菓物を少しだけ箸先につけて口元に運び、食べる真似事をする儀式です。

そのため、一粒舐め、一粒祝いなどともいわれています。お魚は、「子どもの頭が固くなる」という伝承から頭の固いお魚を選んでいるのです。「歯固めの石」とは、神社や清浄な川原などから拾ってきた小石をお膳に添えるもので、「石のような固い丈夫な歯が生えるように」との願いによるものです。

初宮詣

「お宮参り」「産土参り」ともいわれ、子どもが生まれてから生後三〇日ころに初めて産土神社にお参りする、人生でもっとも重要な儀礼です。

はじめてわが子を産土神様に引き合わせ、〝産子（氏子）入り〟を報告する意味があります。

この世では、出生届の提出によって戸籍登録がなされ住民基本台帳に記載されるように、初宮詣によって子どもの霊籍登録がなされ、産土神社の産子（氏子）として承認いただくことで、産子（氏子）基本台帳に記載されます。

これによって将来、進学、結婚、引越などで移動する場合でも、各神社の産子（氏子）

基本台帳のネットワークを通じて、転出先の神社に遅滞なく情報が引き継がれ、その神社においても産子（氏子）の一員として認められ、生命と財産をお守りいただけるのです。

初宮詣の際には、母親の里から晴れ着を贈られます。

その多くは紋付で、紋の付けられる場所はボンノクボ（うなじ中央のくぼんだところ）の場所にあたり、ここは神霊の宿るところと考えられました。

平安時代の子どもには、生まれてから成人するまでのあいだに何度か髪にまつわる通過儀礼がありました。深層木《ふかそぎ》という五歳の幼児の断髪式のときに、祖霊の宿るボンノクボだけは剃り残すことから来ています。紋付の晴れ着を身に着けることは、赤ちゃんが祖霊を背負っていることを意味します。

祖先から脈々とつながる命の〝中今〟の継承者であるトッププランナーとしての赤ちゃんが、御神前に参拝する姿をみそなわす産土様のお喜びは、ひとしおのことでありましょう。

また、御神前でわざと大きな声で泣かせたり、小便をさせることで、神様にわが子の覚えめでたく印象づけさせることもあったのです。

少子化の現在、地方では初宮詣を二〇年以上おこなっていない神社も存在します。里の神々様は赤ちゃんの元気な泣き声を聞けなくなった今日をさぞかし悲しんでおられることでしょう。

初誕生

生後一年目の誕生日のことを初誕生といいます。この日につくる餅《もち》を力餅、タッタリ餅、突き倒し餅、ブッツケ餅、スネ餅といいます。ヨチヨチ歩きができるようになったことをお祝いする儀礼です。一升（約一・八リットル）の鏡餅をついて子どもに背負わせ歩かせるのです。

餅踏みといって平たく伸ばした熨斗餅《のしもち》を子どもに踏ませるところもあります。餅はたくさんつくって親戚やご近所に配ります。

初節供

男児は五月五日、女児は三月三日に生後初の節供《せっく》を祝う風習を初節供といいます。母親の実家や親戚から男児には武者人形、外幟《そとのぼり》、鯉幟《こいのぼり》など、女児にはひな人形が贈られます。子どもの家では、粽《ちまき》、菱餅《ひしもち》などが振る舞われるのです。

七五三

一一月一五日に、七歳の女児、五歳の男児、三歳の男児・女児が晴れ着を着て産土神社に詣でる儀礼を七五三といいます。

神社から千歳飴をもらい家族でお祝いします。江戸時代に男女三歳を髪置《かみお》き、男児五歳を袴着《はかまぎ》、女児七歳を帯解《おびと》きとしてお祝いする習慣が七五三の原型になりました。

産土神様に安産を願い、無事に誕生した子どもが「産子として今日このように立派に成長いたしました」とのご報告をして、さらなるご守護を願う儀礼です。「七歳までは神の子」としてのいい伝えがあり、七歳を過ぎてようやく人として認められるようになるのです。

楽曲　高天原について

神道のみならず、「宗教」と「音楽」の関わりは大変深いものです。

日本においても、キリスト教がパストラル・ハープを用いて看取ることが臨床でおこなわれています。

パストラル・ハープとは、愛と安らぎに満ちた音楽によっておこなわれる、死に移行する人への緩和ケアです。そこではハープと人の声が用いられます。

その目的は、死、すなわち人間の魂本来の世界に戻ろうとしている人から、身体的、精神的、霊的な苦痛を解放することです。

また、臨死体験者の証言には、美しい澄んだ音色や音楽が聞こえてきたという事例がたくさんあります。臨死体験者は、「神霊の波動的エネルギー」を「音楽」として体感してきたのではないでしょうか。

そこで、わたしはターミナルケアの場や看取りの際に奏でられる神道音楽が今後必要になるはずである、との思いにかられ、楽曲の制作を作曲家の山谷知明氏と共にとりかかることにしたのです。

そして、神道の死後の世界のひとつである『高天原』（たかあまはら）という世界を 楽曲で表現したのがこちらです。

https://youtu.be/PH3oq4T3b3Q

みなさんは、死を、暗く怖いものや恐れと考えていませんか?

神道の考える死後の世界は、清く明るい世界です。晴れてのどかな春、花咲き匂い、鳥はうたい、澄んだ清らかな小川が流れ、琴、笙、太鼓・鉦、鈴の音が響きわたる、そんなのどかな、楽しく面白い祭りの世界です。

お迎えの際に、このような楽曲が聞こえてきて、産土様や大先祖様がお迎えにこられると思うと、霊界に安心して旅立てる準備ができるでしょう。神道の死後の世界観を感じてみてください。

第五章

楽しく面白く生きるのが神道の教え

神様は見えるものでなく感じるもの

神道は感性の宗教といわれています。神様を自分の目で見ることはできません。

しかし、誰にでも感じることはできます。

わたしたち日本人の先祖は、遥か遠い昔から、草木にも石ころ一つにも神様が宿ると考えてきました。火の神、水の神、土の神……人々は自然界のあらゆるもののなかに神様を見たのではなく、感じてきたのです。

では、「感じる」とは、どういうことなのでしょう?

たとえば、多くの病人で満床のＩＣＵ（集中治療室）で、片や美しい湖を望む山の上でそれぞれ深呼吸したとしましょう。

どちらの空気も成分は同じ、たとえ匂いまで同じようにしたとしても、たしかに「空気のおいしさが違う」と感じます。

つまり、目には見えないけれども、はっきりとわかるものがあるのです。

神様は感じることができるのです。


古代の日本人は、自然とともに暮らすなかで感性が磨かれ、神様を感じてきたのです。

そして、自然の恵みに感謝し、日常の些細なことにも「ありがとう」という気持ちを忘れずに生活してきました。

残念ながら、現代を生きるわれわれは情報に振り回され、流されるように慌ただしく過ごす日々のなかで、感謝の念を持つことも、神様を感じることも少なくなってきたように思います。

もはや、すべてのものに神様が宿るという感覚すら持たない人が、ほとんどではないでしょうか。

この章では、「神道の教え」を軸に、人は「生きて」いるのではなく、「生かされて」いるということについてお話ししてまいります。

生命の継承　式年遷宮

日本の神社約八万社の中心である伊勢の神宮は「お伊勢さま」「伊勢神宮」と呼ばれ親しまれていますが、「神宮」というのが正式な名称です。

神宮には天照大御神（アマテラスオオミカミ）をお祭りする内宮《ないくう》（皇大神宮《こうたいじんぐう》）と、豊受大御神（トヨウケオオミカミ）をお祭りする外宮《げくう》（豊受大神宮《とようけだいじんぐう》）と呼ばれる二つのご正宮があります。

その神宮で一三〇〇年続く神事に「式年遷宮」があります。内宮、外宮二つのご社殿を境内の別の御敷地へ新たに建て直し、ご神体をお遷《うつ》しするというものです。

二〇年に一度、神様のお引越しがおこなわれるのです。これは「常若（とこわか）」という思想にもとづく伝統です。

木材を使って建てられる日本の神殿は石造りの建造物とは違い、同じ姿を保つことはできません。

そこで、定期的に建て替えることにより、朽ちることなく美しく若々しい姿を保つという方法を選択しました。

また社殿の建て替えには一万本のヒノキが使われます。なかには樹齢四〇〇年以上を数える直径一メートル余りの巨木もあります。山から切り出された木材は、「ご神木」としてていねいに扱われていきます。

たった二〇年で建て替えてしまうことに抵抗を感じる方もいるかもしれませんが、お役目を終えた神殿の柱などは全国の神社に譲渡され、ご用材としてお社などに用いられます。新しい神殿を作るための木材は、この先一〇〇年、二〇〇年、もっと先を見据えて植林され、山や森の保存が続けられます。植林をしてもその木を伐るのは孫の世代になり、そこにも途切れることのない時の流れがあるのです。

何より、二〇年というサイクルを設けることで、はるか昔に存在した職人の卓越した技術を、現代の職人へと途切れることなく受け継いでいくことができるのです。

そうやって、「唯一神明造」という弥生時代の高床式の穀物倉に起源を持つ日本最古の建築様式は、二〇〇〇年の時を超えても残っているのです。

遷宮の際は、建物だけではなく、御装束神宝《おんしょうぞくしんぽう》と呼ばれる神々の調度品などの衣料七一四種一五七六点すべてを新調します。古代とまったく同じ様式を保ちながら、つねに美しく、瑞々《みずみず》しく、損なわれることなく存在しつづけています。

わたしたちは、永遠でないものの生命を永遠に伝えるため、丈夫な「ハード」ではなく、その文化や技術を人から人へ確実に伝える「ソフト」による継承を選びました。形を伝えるのではなく、心を伝える。そうすることによって命が、次の世代へ、そしてまた次の世代へと連綿と続いていくのです。

徹底した〝楽天主義〟。面白く、楽しく、喜ぶ

神道は、徹底した〝楽天主義〟です。日々の生活を「面白く」「楽しく」生きていくことを大切にしています。キリスト教の聖書で示されるような〝終末思想〟は存在しません。すべてのものごとは、進展してよくなっていくと考えるのです。

この「面白い」「楽しい」という言葉は、日本の神話に由来しているといわれています。天岩戸に太陽の神である天照大御神（アマテラスオオミカミ）がお隠れになったことで、世界は真っ暗闇に包まれ、邪神による災いが至るところで起きたという神話をご存じの方も多いでしょう。

平和で明るい世の中を取り戻すためには、天照大御神にお出ましいただくことが必要です。

そこで、知恵の神である思兼神（オモイカネノカミ）が一計を案じます。

天岩戸の前で芸能の神である天宇受賣命（アメノウズメノミコト）が踊りはじめました。

すると、その様子を見ていた神々が笑い騒ぎ、高天原がどよめきました。真っ暗闇となったなかで、嘆いているはずの神々がどうして笑い騒いでいるのでしょう……。

その様子が気になった天照大御神は、少しだけ天岩戸を開き、「どうして八百万の神々は笑っているのか？」と尋ねました。

すると天宇受賣命が、「あなたより尊い神がいらっしゃるので、みんな喜び笑い、舞い踊るのです」と答え、御鏡を天照大御神に向けました。

「えっ？　自分と同じ太陽の神がいたなんて……」

天照大御神は御鏡に映った自分の姿を見て、自分以外に太陽の神がいると、すっかり勘違いをしたのです。さらに身を乗り出した瞬間、天岩戸の脇で待機していた力の神である天手力男神（アメノタジカラヲノミコト）がその手を取って引きずり出しました。天照大御神がお姿を現わされ、世界が再び明るく平和になったというお話です。

また、天岩戸から天照大御神（アマテラスオオミカミ）がお出ましになり、太陽の御光がうるわしく燦然《さんぜん》と輝き、神々様の面（お顔）が白くなったところから、「面白い」という言葉が生まれたとされています。

この「白」は色を意味するものではなく、「はっきりしている」という意味です。

真っ暗闇の世界から太陽の御光によって面（お顔）が白く（はっきりと）見える世界になったこのお話から、「笑い」により運が開けていくことを教えているのです。

それから、手（た）を伸ばし（のし）て喜び舞うことから、〝楽しい〟という言葉が生まれたともいわれています。

神話の時代から、日本の神々様は、面白いことと楽しいことが何よりも大好きだったのです。

そして今も、神道では〝笑うこと〟をとても大切にしています。大阪の枚岡神社《ひらおかじんじゃ》の注連《しめ》縄掛《なわかけ》神事をご存知でしょうか。

天児屋命（アメノコヤネノミコト）を主祭神とするこの神社では毎年一二月二三日に天岩戸開き神話を再現します。

「お笑い神事」ともいわれ、宮司が先導して「あっはっはー」と三度笑い、その後、神職と崇敬者によって二〇分間思う存分笑いつづけるのです。一年間のさまざまな出来事を、その場にいる皆でともに笑いに笑って、「心の岩戸」を開くというものです。

なんと、この神事は江戸時代以前よりおこなわれており、東大阪市の無形民俗文化財にも指定されています。

人はわけもなくそんなに笑いつづけることができるのでしょうか？

それができるのです。楽しいから笑うのではなく、笑っていると楽しくなるのです。笑いがナチュラルキラー細胞の働きを活性化し、免疫力がアップすることによってがん細胞やウイルスから身を守ってくれることがわかっており、病気の治療や予防法としても注目されています。

また、神道は〝喜び〟という感情も大切にします。

「喜」という字は、四角の太鼓にバチが添えられて成り立っています。

太鼓を打って祈り、歌い踊ることで神様を喜ばせることを表わしているのです。

神道には欠かせないお祭りは、「神人和楽」といって神様と人がともに享楽する交わりです。

人間は、苦しむために生まれてきたのではありません。

日々楽しく、面白く生きるために神様から命をいただいてきたのです。

すべてのものごとは進展しよくなっていくと考え、今の状況が悪かったとしても、神道では、これからよい方向へと進んでいく前兆であると、とらえます。そこが神道と仏教の一番の違いといえるでしょう。

パナソニックの創立者・松下幸之助翁は社有地に神社を建てるほど信心深かった方ですが、「人生に起こるあらゆる出来事をあるがままに受け止め、感謝の心を抱きつつ、ベストを尽くして生きる」という松下幸之助が唱えた〝陽転思考〟は、まさに神道の基本でもあるのです。

産土の神様にお力をいただく

ここでもう一度、産土神社について触れておきたいと思います。

産土の神様とは、「産まれた土地」の守り神です。あなたがこの世に産まれたときからずっとそばにいてくださいます。ご両親に抱かれてお宮参りに行った神社が産土神社です。

ウブスナの語源は「産砂」だといわれています。

古来、漁民の妊婦は砂浜に出産用の産屋を建てて、赤ちゃんを産んでいたところから、ウブスナを出生地と、とらえるようになったのです。

また、古事記には天津日高日子穂穂手見命（アマツヒコヒコホホデミノミコト）の后の豊玉姫命（トヨタマヒメノミコト）が砂浜に産殿を建て、その屋根が葺《ふ》きあがらないうちにお産まれになったため、ご誕生した赤ちゃんのお名前を鵜萱葺不合命（ウガヤフキアエズノミコト）と命名したと記されています。

「砂浜の御殿」が「産砂」と変じ、やがて「産土」とよばれるようになったのです。

産土神社にはその地で暮らしていた、たくさんの遠い遠いご先祖様の和魂が鎮守の杜に宿っています。そして故郷の繁栄や子孫を見守っておられます。

産土神社には毎日お参りをされることが理想です。

ですが、忙しい現代人にはなかなか難しいもの。また、就職や進学などで故郷から離れ生活している人は、現在暮らしている土地をお守りになられている神社に参拝しましょう。毎日でなくてもかまいません。時間を見つけてお参りし、鎮魂《みたましずめ》のひとときを持ってください（鎮魂については、後ほど触れます）。

また、遠方の実家に帰省した折にお墓参りをされる方も多いと思いますが、その際は、必ず産土神社を先に参拝してからお墓参りに行かれるようにしてください。

産土神様は、自分にとってご先祖様の遠い遠いご先祖様にあたります。ですから、先に産土神様をお参りするのが筋なのです。

あと、産土神社に二一日間参拝すると、滞《とどこお》っていたことが動き出し、よりよい方向にことが進むという、古くから伝わる開運法があります。

先祖や自身の罪穢れを浄めるために、毎日毎日「生かしていただきありがとうございます。先祖やわたしが、知らずわからずに犯しました罪をお許しください」と祈るのです。

一日でも欠けた場合は最初からやり直す厳しい参拝方法です。

二一日という数字の根拠は定かではありません。しかし、日本人が感覚的につかんだ二一日という期間は、神様とのご縁を深く結ぶことを習慣化するのによいのかもしれません。

医療が発展していない昔は、この参拝法で大切な人の健康を祈ることが多かったのではないでしょうか。

神社参拝は母体に帰ること

神社の参拝は、「鳥居」＝（女陰）をくぐり、「参道」＝（産道）を通って、「お宮」＝（子宮）に参拝することである、ともいわれています。

神社参拝はお母さんの子宮に戻ることであり、母なる愛のエネルギーに触れられるので、心身ともに癒されるのでしょう。お産にまつわる神話や伝承・文化が神社には数多く残っています。

また、人間の赤ちゃんがお母さんとへその緒《お》でつながっているように、産土神様と産子は、『玉（霊）の緒』という霊的な見えない紐《ひも》でつながっていると考えられています。

このつながりを『霊脈』ともいい、『血脈』（身体）と『霊脈』（霊）をともに大切にしてきたのが日本民族です。

神社は子宮
山の神（女神）
お宮
子宮
鏡
参道
産道
鳥居
女陰

人間の生命は、「へその緒」と「玉（霊）の緒」につながったときに、誕生することが許されるのです。

へその緒には三本の血管が通っています

書家で神代文字研究家でもある安藤妍雪《あんどうけんせつ》氏は、へその緒の神秘について、次のように記しています。

「へその緒には、三本の管が通っており、うち二本が動脈と静脈、もう一本が霊統である。霊統の管こそが、創造主の太古から連綿とつながる命を、母子へと伝えるルートであり、管のなかは透き通っている」

そして、へその緒の断面図を示し、「この断面図こそが、日本の太鼓の三つ巴の原型となっていると考えられる。太鼓を打ち鳴らすことで、まさに『太古に戻れ』と呼びかけているのだ」（『すべてのいのちは元ひとつ』）。

お母さんが赤ちゃんにでんでん太鼓を鳴らしてあやす姿は、まさに「太古の命」の記憶を鼓動とともに「伝々」と打ちつづけているようにも感じます。

また、背負った太鼓を打ち鳴らして雷を落とす雷神様が現われたときにおへそを隠す、という伝承からは、おへそを見つめ、おへそに意識を向け、命《いのち》の祖神様《おやがみさま》から先祖代々へと脈々と流れる大切な命のつながりを感じることの尊さを伝えているのです。

そして、「玉の緒」のつながりをつねに意識し、「霊脈」をより太くつなぐためにも、皆さまには産土神社の「御守」を身につけていただきたいと思います。

産土の神様から放たれるご神気をつねにお受けする媒体が「御守」になります。

わたしも東京で暮らしていますが、わたしの故

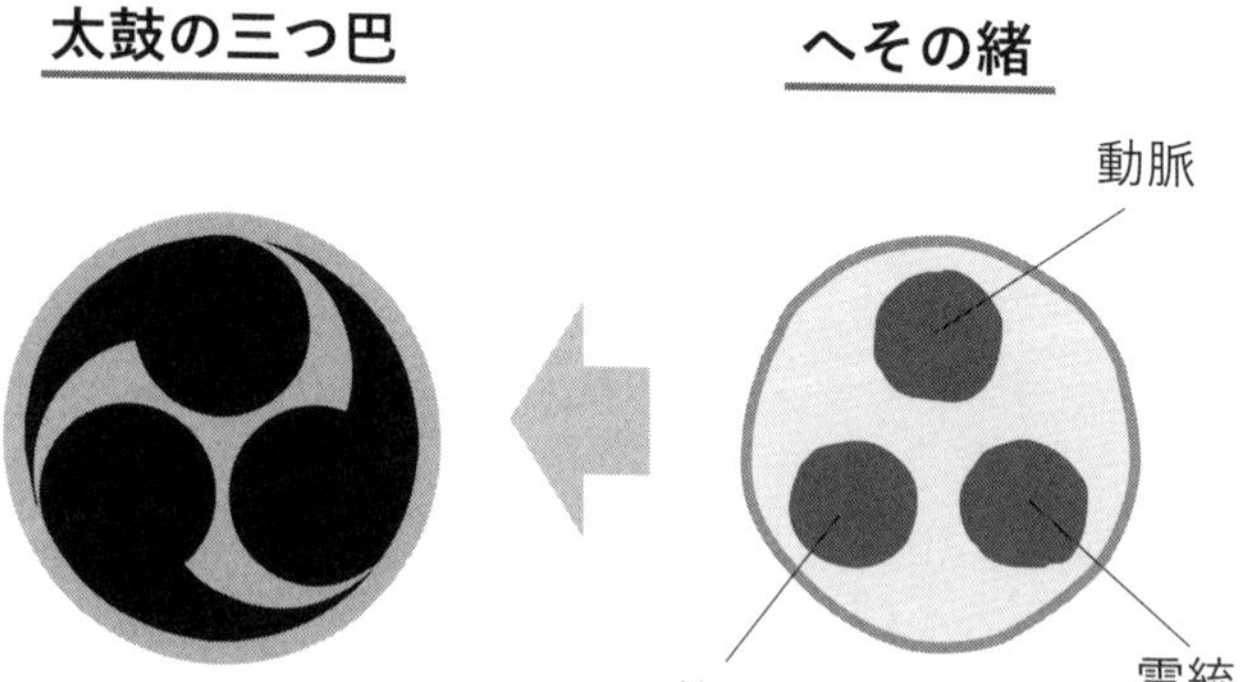

郷新潟の石船《いわふね》神社の「御守」を肌身離さず必ず身につけています。
室町時代より伝わる小笠原流礼法の「婚姻の作法」においても、お嫁さんの首に産土神社の「御守」をかけて、嫁がせるといいます。小笠原流礼法とは武士の礼法として伝承され、今日でも礼儀作法の真髄として受け継がれています。時代劇でも「御守」を首から懸けている姿を見ますが、肌身離さず身につけることから「肌守」ともいうのです。

産土の神様は、万が一産子の身のまわりに危機的な状況が起きたときは、必ず救いの手を差し延べてくれます。大東亜戦争の際に敵の銃弾が雨あられのように飛び交う激しい戦地においても、出征兵が肌身離さず産土神社の「御守」を身につけていたお蔭で、敵の銃弾が「御守」に命中して御神助により不思議にも弾がはじかれ、無傷であったとの記述が残されています（『口語神判記實』）。

残念ながら、戦後は科学万能主義に侵され、「御守」を首から懸けるという非科学的な信仰行為をあざ笑うような国柄になってしまいました。そして、全国のあちらこちらの神社に詣でては、プレゼント感覚で気軽に「御守」をお受けし、お配りする行為もよく見られますが、それは厳に慎んでいただきたいと思います。たくさんの「御守」を持つと神気が交錯してしまい、本来の神気が発揮しにくい状況になってしまうからです。

ご利益を願うより、感謝の祈りを

「神社に参拝する際は、何を願えばいいのでしょうか」「どう祈れば、ご利益がありますか」……これは本当によく尋ねられることなのですが、残念ながら、この質問自体が大きな勘違いです。

昨今のパワースポットや神社ブームによって、若い方の神社参拝が増えてきました。合格祈願や恋愛成就など、ご利益が有名な神社では、御朱印帳片手に行列ができているところもあります。そして、参拝の作法やご利益に関してはよくご存じのようです。それはそれで大変うれしいことだと思っていますが、もっとも大切なことを忘れておられるのではないでしょうか。

神社は本来、自分の欲を「願う」ところではありません。
神様や自分に命をつないでくださったご先祖様に「感謝の祈り」を捧げる場所なのです。

また、「鎮守の杜」といって神社を囲む樹々は、ご先祖様の「みたま」が宿る聖域です。神社での祈りは、自らの罪穢れを祓い清め、今、生かしていただいていることに感謝するためのものなのです。

そして、参拝の際には、次の「略拝詞」を奏上しましょう。

「祓へ給へ、清め給へ」
（お祓いください、お清めください）
「守り給ひ、幸（さきは）ひ給へ」
（お守りください、幸せにしてください）

神様はお願いされたから見守っているのではなく、いつでもあなたを見守ってくださっています。ですから、感謝の気持ちでお参りすることが大切なのです。

そして、何よりも知っておくべきは、本当のパワースポットは、ご利益で有名な神社やメディアで紹介される神社ではなく、自分の「産土神社」だということです。

なにかことがうまく進まないとき、まずは産土神社へ。それが叶わないときは、自分の住む土地を霊的に支配されている神社へ参りましょう。基本をおろそかにして、他の神社で願掛けをしたところで、願いごとが叶うわけがありません。

そして、お参りを終えたら、しばし神々しい神社の森とその静寂に身をおいてください。神社はいつもあなたに安らぎを与えてくれるはずです。そして、あなたを見守ってくれる神様の腕のなかなのです。

邪気をお清めするという習慣

「気」とは、わたしたちが生きるエネルギーの源のようなものです。

神様が目に見えない存在であるように、「気」もまた、目には見えないのです。

その「気」が弱くなっている状態が「弱気」、病んでいる状態が「病気」、それが元の状態に戻れば「元気」になります。

「気」が枯れてしまっている状態が「気枯れ」。「気」が枯れてしまった状態とは、たとえばピカピカの水晶玉にいつの間にかチリやホコリ、指紋が付着して曇ってしまったような状態です。水晶玉なら水で洗ったり、磨いたりすることで輝きを取り戻すことができます。しかし、人間の「みたま」はそうはいきません。

『古事記』には、黄泉の国から戻った伊邪那岐命（イザナギノミコト）が自分の身体についた死の穢れを祓うために、海水で身を清めたことが書かれています。そして後世、海水から抽出したお塩を使ってお清めがおこなわれるようになったといわれています。

大相撲の力士が土俵に塩をまいたり、店舗や自宅の玄関先に盛り塩が置かれていたりしますね。

わたしは、制服のポケットなどに清め塩をいれている看護師さんにお目にかかったこともあります。

また、身体が重いなど、妙な疲れがたまっているときは、湯船に日本酒とお塩を入れて入浴すると清めることができます。ずいぶんと身体が軽くなるはずです。

そのほかにもお清めの方法があります。

たとえば、会社で嫌なことがあってモヤモヤしているとき、気が重くてため息が漏れるときなどは、洗面所へ行き、手をていねいに洗って、口をすすいでみましょう。「悪い気を水で流し、洗い清める」との意識を持って手を洗ってください。これも立派なお清めです。それだけでも邪気は流れ、すっきりとし、気持ちが変わるはずです。

それから、外であった嫌な感情や邪気を家に持ち込まないようにしたいときは、玄関で半紙（和紙）を使って全身をさっと拭きます。もしくは、半紙に息を三回吹きかけるだけでも邪気は半紙に遷《うつ》ります。

また、部屋に邪気が溜まっていると感じたら、掃除や不用品を処分するのはいうまでもありませんが、四隅に半紙（和紙）を貼ってみましょう。半紙が邪気を吸い込んでくれます。そして少し時が経ったらはがします。いずれも半紙が邪気を吸い取っていますので、お塩をかけてからゴミとして捨てます。

和紙は、神道のお清めに用いられる大事な神具です。

たとえば、神職が不浄を祓う大麻《おおぬさ》・注連縄《しめなわ》などに垂らして聖域を表わす紙垂《しで》もそうです。そして大祓《おおはらえ》などにつかわれる形代《かたしろ》は白い紙を人の形に切ったものです。

形代に自分の名前と年齢を書き、身体を撫でてから息を三度吹きかけ、自分の罪や穢れを遷します。それを神社に納めて、わが身の代わりにお清めしてもらうのです。

わたしはこの「清め」の力を強く実感したことがあります。

長女が誕生したときです。長女は低出生体重児として生まれ、しばらくの間、保育器に入っていました。保育器はもちろん消毒されていてとても清潔です。しかし、そこには、たくさんの赤ちゃんたちの命をかけた壮絶な戦いの歴史や記憶、それを取り巻く家族の強い想念などが残留しているはずで、わたしの目にはぼんやりと曇っているように見えました。

そこでわたしは、半紙を使って何度も何度も保育器を撫でました。

その場にいた看護師さんからは奇異な目で見られましたが、大切な娘のためです。人目を気にしてなどいられません。

次々に新しい半紙を使い「これでよし」と思った瞬間、突然、パーッと光が差したように保育器のなかが明るくなったのです。

まるで映画の特殊効果のようにわたしの目の前に確かに光が現われたのです。

そうしなければ娘は助からなかった、そうしたから助かった、というつもりはありません。

ただ、困難に直面している真新しい命をせめて清められた場からスタートさせたい、という親の必死な思いが、神様に通じたのではないかと思っています。

わたしはその瞬間、大いに安堵し、慰められ、娘は間違いなく大丈夫、と確信することができたのです。

ひとときの「みたま」しずめ

神道には、仏教の瞑想に似た〝鎮魂《みたましずめ》〟という行法が存在します。

日々の生活のなかで起こってくる一切の事柄は、自分のありようを知るための機会です。

そのすべては神様のみはたらきであり、神様の恵みです。

起きたことを自身の向上のために必要なこと、と認識して生きていくことが重要で、どのような事柄が起きようともそれは己にとって必要だから起きているのです。

無駄なことや不必要なことは絶対にありません。偶然はなく、すべて必然・必要・ベストなタイミングで事象が表現されてきます。

とはいえ、思うようにならないことを抱え生きる日々は苦しく、ときに心身の不調を起こします。

魂の不調和は、病気や生活全般に影響を及ぼします。

そんなときにこそ、他人の視線がない場、他人から話しかけられない場、静寂な場を選び、自らの心に内在する神様からいただいた「みたま」とゆっくり向き合う時間を持ちましょう。

内省し、自身の「みたま」を見つめるのです。

〝鎮魂《みたましずめ》〟は、鎮魂印《みたましずめのいん》を結び、目をつむり呼吸を整え、自分を深く深くみつめ、魂を臍下丹田《せいかたんでん》（下腹）に鎮めていきます。

これを意識するだけでも副交感神経が優位になり、緊張が解き放たれるはずです。

わたしたちの普段の生活を振り返ると、つねに他人と較べ、外面に意識を向けて生活していることに気づきます。呼吸を意識して整えることは、外面に向いていた意識のベクトルを内側に向け、魂の存在に気づくことでもあります。

肉体に栄養が必要であるように、魂にも栄養が必要です。

一日に一度はゆるぎの時間をもてるとよいでしょう。

ちなみに〝鎮魂《みたましずめ》の法〟には饒速日命（ニギハヤヒノミコト）の鎮魂法、天宇受賣命（アメノウズメノミコト）の鎮魂法などいくつかの伝承があり、それぞれその修行法が異なります。

ここでは、わたしが伝授された〝鎮魂《みたましずめ》〟の神術《みわざ》のなかで、初心者でも比較的簡単におこなうことができる行法をご紹介したいと思います。

〝鎮魂《みたましずめ》〟の手順

(1) 基本姿勢

正座。左足の親指を下にして、その上に右足の親指を乗せます。両膝のあいだはこぶし二つ（女性はこぶし一つ）開けます。顎を引き、背筋を伸ばして座ります。男性は安座《あんざ》でも構いません。

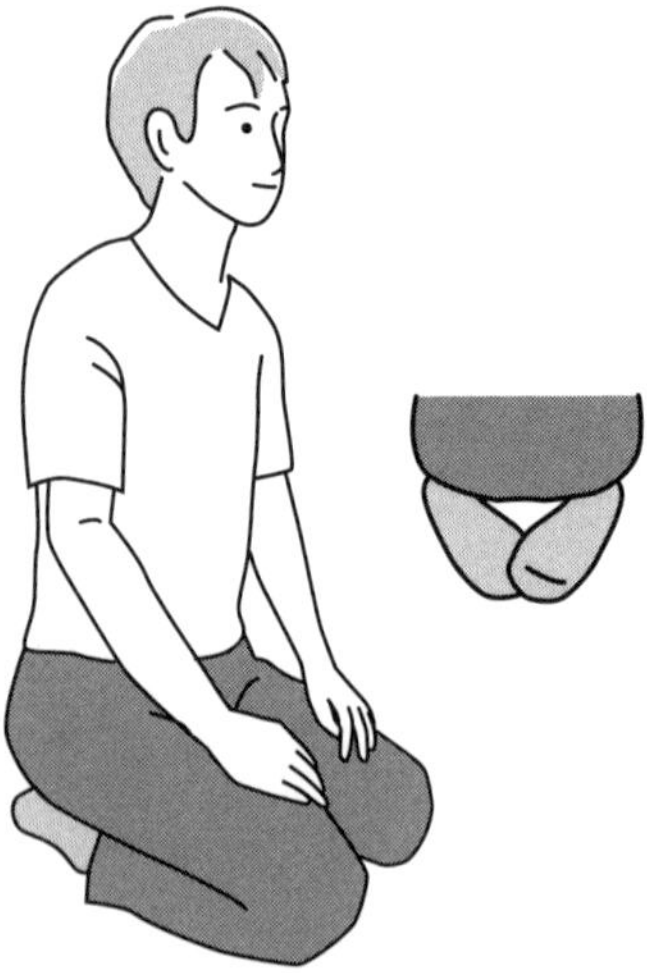

⑵ 鎮魂印《みたましずめのいん》の結び方

中指、薬指、小指を手のひらのなかに組み合わせます。左の薬指と小指のあいだに、右手の小指を入れ、順次薬指、中指を入れます。

人さし指は腹を伸ばして、軽く立て合わせます。

右手の親指の爪の上に左手の親指を重ねて軽く押さえます。

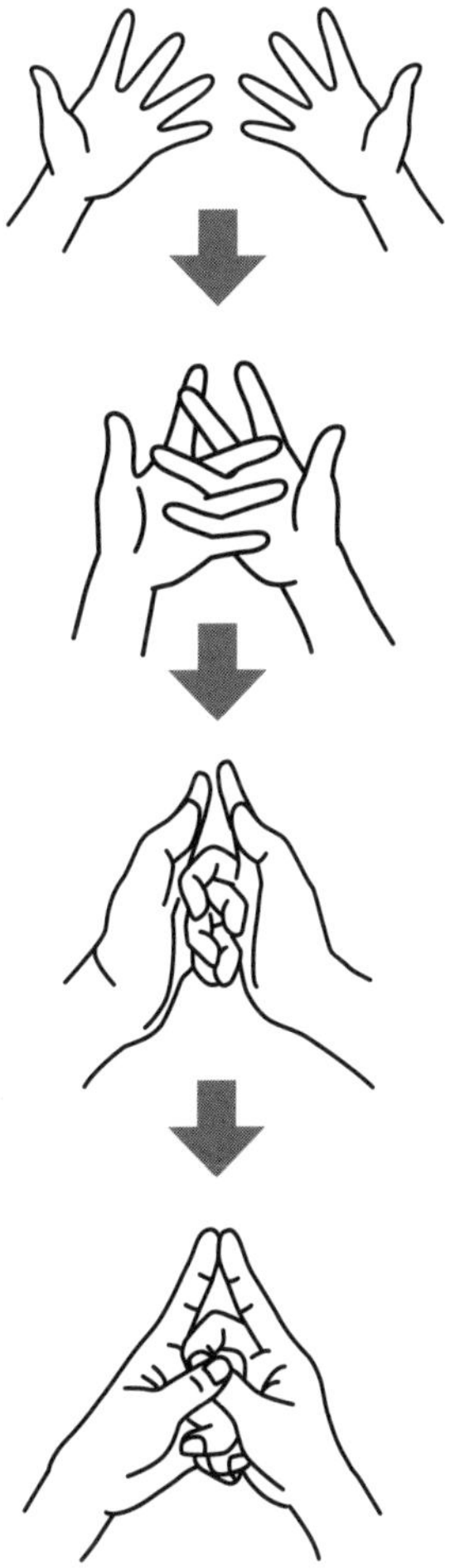

(3) 鎮魂印《みたましずめのいん》の構え方

組んだ手は、胸の真ん中（みぞおちのあたり）で構え、肘を軽く張りましょう。

そのまま腕を真上にまっすぐ伸ばします。

(4) 呼吸法

軽く目を閉じ、鼻から静かに深く、下腹（臍下丹田）に吸い込み、口から静かにゆっくりと吐き出します。そこからまっすぐ腕を下ろし、(3)の構えに戻ります。そこからまっすぐ腕を下ろし、(3)の構えに戻ります。そこからこの方法で、体中の邪気、悪気、濁気を残らず搾り出すようにしましょう。

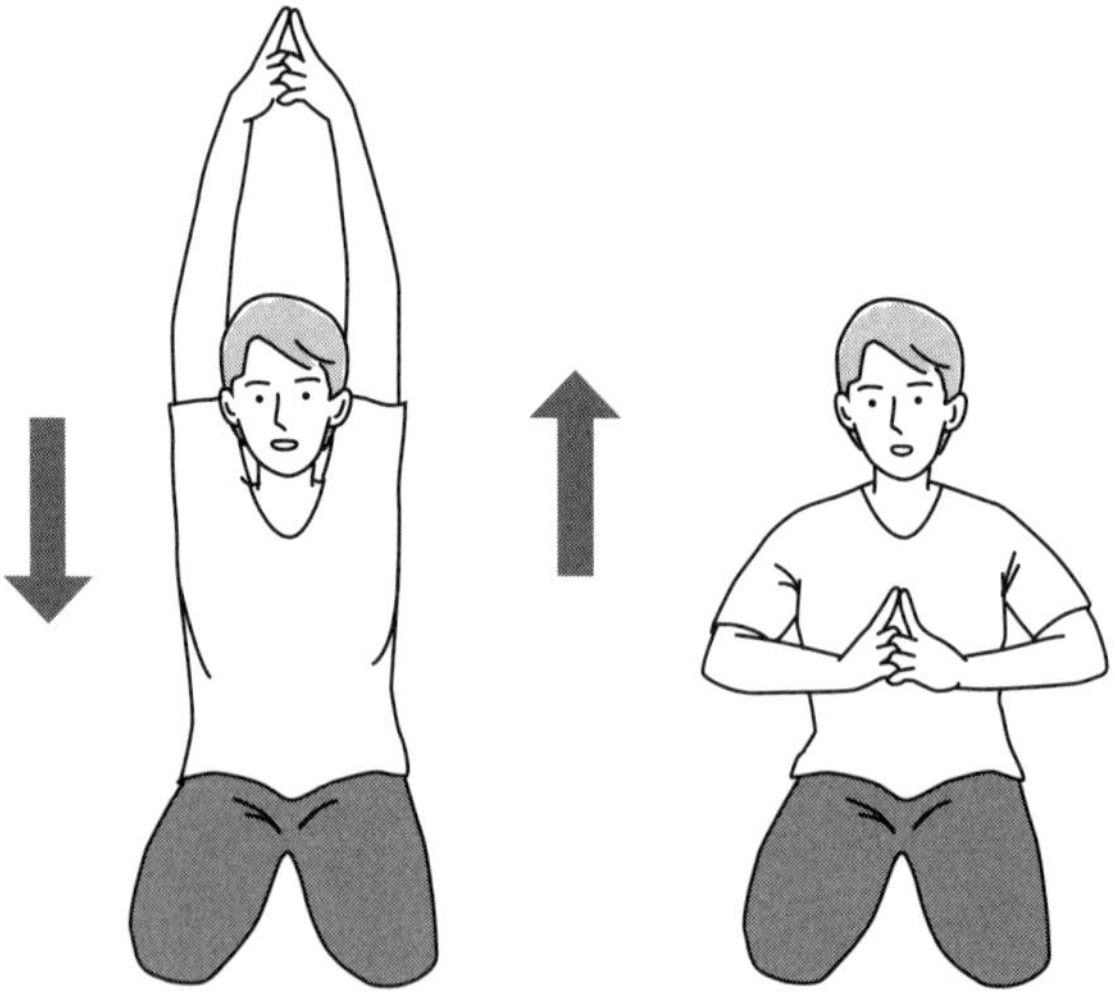

次々にいただく新鮮な神気（ご陽気）は身体のすみずみまで行きわたります。

■呼吸の回数や時間は自分にあった方法でおこないましょう。

■鎮魂中に雑念が湧いてきたとしても、自然の流れに任せます。

■温泉にでも入ったような気持ちで、身体のどこにも力を入れずにリラックスします。とくに、手や肘、肩に力が入らないように注意しましょう。

〝鎮魂《みたましずめ》〟は、心に余裕と潤いを与え、精神的にも安定し、歓喜を呼び起こす栄養となることでしょう。

人生の最期をどう迎えるか

QOD（Quality of Death）という言葉をご存じでしょうか。「死の質」という意味で、最期を迎えるときのあり方が問われるようになってきています。

日本は近い将来、かつて経験したことがない「多死社会」を迎えようとしています。

今までは当たり前のように病院や介護施設で死を迎えてきました。

しかし、これからは死亡者があまりにも多いため、医療機関でも施設でも「亡くなる場所」が足りないという事態が起こることが予想されています。

また、介護施設ではすでに慢性的に職員が足りておらず、二〇二五年には約三八万人もの人手不足が見込まれる、と厚生労働省が推計を発表しています。

今から一〇年後の二〇三〇年には、どの場所で亡くなるか定まらない「看取り難民」が約四七万人発生するという推計もあります。

そうなると、家族が家で看取るか、もしかしたら、自分一人で死を迎える覚悟が必要かもしれません。

いざというとき、家族も自分も死の世界への理解がある程度なければ、大きな不安を抱え、混乱が起きるのではないかとわたしは真剣に危惧しています。それが、わたしがこの本を記した理由のひとつでもあります。

死の恐怖のひとつは、「死んだらどうなるかわからない」ことにあります。「死」、そして「死後の世界」をイメージしていただくことで、不安を和らげていただきたいのです。

わたしの実家でも一〇年ほど前に祖母を在宅で看取りました。

末期のすい臓がんで入院していた祖母は、最期を家で迎えることを望んだのです。

「おばあちゃんの意思を最大限尊重したい」と、母は快く祖母の意思を受け入れました。

実家から離れて住んでいた父は、母の負担を案じていましたが、母と妹の二人三脚で在宅医療がスタートしました。

在宅医療は本当に大変です。遠方で暮らすわたしや父には何もしてあげることができません。

母が一人で介護を担っていたら、きっと身体を壊してしまっていたでしょう。

その後、祖母は思い出のたくさんつまった越後岩船の自宅で母と妹に看取られて、安らかに息を引き取りました。

母も妹も口をそろえて「充分に介護をしてあげることができた。後悔はない」といっています。

みんなが満足できた看取りだったと思います。

しかし、わたしの実家の場合は、母と妹という二人の手があり、看取る人、看取られる人にも、覚悟と思いがあって迎えた死です。

誰もが環境に恵まれているわけではありません。

そんなときに心強いサポートをしてくれるのが、「看取り士」です。安心して幸せに旅立つためのサポートをしてくれます。

わたし自身も実は「看取り士」の資格をもっています。わたしは救急救命士でもあるからこそ、この看取りの重要性を強く感じるのです。

恐怖におびえながら迎える死や孤独死を、少しでも減らしたいと常々考えています。高齢者が自らの望む場所で、自らの望むように最期を迎えるためには、高齢者の家族、主治医など医療・介護にかかわる専門職、ボランティアなどの力が必要です。

その一端を担うのが「看取り士」だとわたしは考えています。

看取り士には事前に契約することで、おひとり様の旅立ちにも付き添ってもらえます。

失われた看取りの文化

ご遺体を入浴させて現世の罪穢れを祓い清める「禊（みそぎ）」という作法があります。

仏教では、湯灌《ゆかん》といわれています。

故人が産土神様のお導きによって霊界に帰るにあたり、心身共に清潔にして旅立ちをするために、古くからおこなわれてきました。

病院で亡くなることが多くなった現代では、死後の処置として看護師によってご遺体が清拭されます。

清拭とは、身体を拭いて清潔を保つことで、それを含めた死後の処置を「エンゼルケア」といいます。

また、事故などによって失われた生前の面影を可能な範囲で取り戻すためにおこなう顔の造作を整える作業や保清（ほせい：身体の清潔を保つこと）を含んだケアを「エンゼルメイク」といい、いわゆる死化粧が施されることもあります。

「セルフケア不足看護理論」を確立したアメリカの看護師ドロセア・オレム（一九一四～二〇〇七）は、「人はセルフケアをする存在であり、病人は病気によって一部セルフケアができない存在となる。そのできない部分を補うことが看護である」といっています。

死亡によって「セルフケアできない存在」になったご遺体に対しておこなう看護が、「エンゼルケア」や「エンゼルメイク」です。わたしは、幅広い看護業務のなかで、ご遺体に対しておこなうケアはもっとも崇高で神聖であり、尊厳を持っておこなうべき看護であると思っています。

高度救命救急センターには、「行旅死亡人（こうりょしぼうにん）」がたくさん搬送されてきます。

行旅死亡人とは、本人の氏名または本籍地・住所などが判明せず、かつ遺体の引き取り手がいない死者のことです。

マザーテレサは、「人生のたとえ九九%が不幸だとしても、最後の一%が幸せならば、その人生は幸せなものに変わる」といいました。

どんな事情があり、どんな人生を歩み、救急搬送に至ったのかは知る由もありません。しかし、人生の最後を高度救命救急センターで迎え、看護師に寄り添われ「エンゼルケア」という崇高で神聖な愛ある看護を受けて旅立つとき、その人生は幸せなものに変わるような気がします。

わたしの母方の祖父の看取りの出来事をお話ししましょう。

母方の祖父は、肝臓がんと診断されていました。本人は、がんであることを最後まで知りませんでした。麻酔科専門医であるかかりつけ医のおかげで、在宅医療でも疼痛管理（ペインコントロール）がうまくできていました。

八月一九日の暑い夏の日の昼下がり、不意に電話が鳴りました。電話をとると、母の実家へ見舞に行っていた祖父の妹で、慌てた様子です。

「（祖父が）息をしていないみたい。はやく来て」

母の実家は、自動車で一〇分ほど。はやる心を抑えてわたしがハンドルを握り、母とともに急いで祖父のもとへと向かいました。

たった五カ月前に祖母を見送ったばかり。残された祖父も失うかもしれないという母の不安はいかばかりだったでしょうか。

母の実家へ向かう車中で何か気のきいた言葉をかけ、母を慰めようとは思うのですが、言葉がでてきません。母も心ここにあらずという様子です。そうこうしているうちに、母の実家に到着しました。

急な出来事に戸惑っている祖父の妹。そして、明らかに動揺している母。冷静な対処ができるのは、わたししかいない状況です。

かかりつけのクリニックに電話をして、状況を説明し、往診に来ていただきたいと伝えました。ありがたいことに、すぐに祖父のもとへ駆けつけてくれました。

到着した先生は、祖父の様子を見ると、静かに往診バッグから聴診器を取り出し、呼吸の確認、脈拍の確認、ペンライトを目に当てて瞳孔反射の確認をていねいにおこないました。一呼吸おいて、「○時○分お亡くなりになりました」と死亡が宣告されました。

覚悟はしていましたが、やはりつらいものです。

心からの思いを込めて、医師にそう伝えました。

「先生、本当にありがとうございました」

そして、そっと祖父に触れてみました。亡くなって間がないその身体は、温もりを十分に感じることができます。

医師が帰ると、悲しみに浸るまもなく、葬儀の準備をしなければいけません。

まずは、湯灌をおこない死装束に着替えさせます。祖父を広い茶の間にそっと横たえ、わたしと母、母の姉の三人で祖父の頭から足のつま先まで全身をくまなくていねいに「やさしく、やさしく」清拭して浄めます。

祖父の身体に触れているうちに、ふと自分の心が満たされるのを感じました。

おそらく、母や母の姉も同じように感じていたのではないでしょうか。幸福を感じる、静寂で穏やかな時間です。

そして、清拭を終えたとき、本当に清々しく、悔いなく祖父を見送れたという充足感がありました。不思議と悲しみはありません。

祖父の死は、愛情をこめて大切な人の死に向きあう行為は、悲しみを超え、自分を愛することそのものであるとわたしに教えてくれたのです。


二〇一二年に柴田久美子さんを会長として設立された一般社団法人・日本看取り士会は、終末期にあって旅立つ方こそが師であると考え、そばにいる「看取り士」は学ぶ者、と考えています。美しい死のなかにこそ真の生を見出し、「看取り士」一人ひとりが、愛ある世界の実現を目指すことを目的にしています。

人間の終末期には言葉は不要です。ただただ手を握り、その人の息に合わせて呼吸してくれる人がいるだけで、人の心は安寧となるのです。わたしは看取りの作法を誰もが今こそ学ぶべきだと思っています。

また、故郷が遠く離れているため、危篤の報を受けてすぐに親元に向かったものの、親の死に目に会えなかったという話は、よくあることです。

しかし、このような事態に対して自分自身を責めることや、悔いる必要はありません。親があなたに会わず旅立つことを自ら選んだのです。死に様を見せたくない親の想いも存在するのです。

どのような死を望むか合意形成を

救急救命士の立場からも、人生の最終段階における医療について考えてほしいことがあります。

終末期の高齢者が心肺停止になった際に、家族が慌てて一一九番通報することがあります。

それにもかかわらず、到着した救急隊に対して蘇生処置を断るケースが近年増加しているのです。

不安なのはとてもよくわかります。しかし、その判断が終末期の高齢者を苦しめる結果になりかねないのです。

命の最前線で活動する救急救命士は、傷病者の生命を守り救急救命処置することを職業的使命としています。また、現場で「心肺蘇生はしないでください」という家族からの強い要望があったとしても、心肺蘇生を停止すれば違法になる可能性もあり、心肺蘇生をせざるを得ないのです。

そんな生死の直結する現場で救急救命士がおかれる状況は、困惑や葛藤という大きなプレッシャーがのしかかり、そのストレスや混乱は想像を絶するものがあります。

普段から延命治療は望まないと本人が話し、家族がそれを聞いていたとしても、ある日突然、目の前で心肺停止になったことで動転して、一一九番通報してしまうことは、しばしばありがちな行動です。そして、救急車が到着し、心肺蘇生がおこなわれ医療機関に搬送されるという流れに乗ってしまい、結果的に本人が望まない形での延命治療がおこなわれてしまうことがあります。

患者と家族のあいだで、万一のときには延命治療を望まないという合意形成ができている場合には、救急車は要請せずに主治医（かかりつけ医）を呼んで死亡診断をしてもらいましょう。

このような事態にならないためにも、元気なうちに自分がどのような死を望むのかを家族、主治医、メディカルスタッフ、ケア施設などにあらかじめ話しておく「アドバンス・ケア・プランニング」（ACP）をしておきましょう。もちろん、話した内容を書面にきちんと残しておくことも大切なことです。しかし、もっと大切なのは、とにかく人生の最終段階について後悔することがないように、何度もしっかりとていねいに話しておくことなのです。それがQOD（Quality of Death）の向上につながるのです。

生きるも死ぬもすべて神様の御心によるものです。人為をこえた御神慮に感謝しましょう。

あなたが親の枕元に寄り添うとき、溢れだすさまざまな感情や思い出とともに、自然と頬を伝うものがあるでしょう。

伝い流れてくる涙とともに、その場に残る思念が、最後の息を受け継ぐように、あなたに引き継がれるのです。残された者にできることといえば、「みたま」の安寧と霊界における幸せな境域での生活を祈ることです。

あとがき

日本人の死後の世界観はカオスです。日本は、一神教ではないために、死んだらどこへゆくのかということを必ずしも明確にしてこなかった歴史があります。神道が考える死後の世界は「高天原」「日之若宮」「天津御国」「綿津見神の宮」「黄泉の国」「根の国」「底の国」「常世郷」「妣の国」とたくさんあります。数多い国学者の見解や地域によって、人が亡くなり赴くべき世界や名称がここまで混在している国も世界では珍しいでしょう。これらを見ても、死の文化が重層的であることを見ることができます。

時代は「多死社会」に突入しました。医療の世界では難病ALS（筋萎縮性側索硬化症）を患う女性の依頼により、医師二名が薬物投与をおこない、女性が死亡したという事件によって、「尊厳死」や「安楽死」について議論をするべきだとの声があがりはじめています。このような時代に生きる者として、『命が消えたらどこへゆくのか』ということを、すべての日本人が自分なりの考えを持っておくことは、かけがえのない人を看取る立場になったときに、そのケアの質に必ず違いがでてくるものと思います。

戦後、わが国は日本人の精神性や文化の数多くを失うことになりました。

そのひとつとして、漢字の簡略化によって文字の力を伏せることがおこなわれています。「氣」というエネルギーのある漢字を「気」に簡略化して、本来持つエネルギーを文字どおり〆《しめ》たのです。

「氣」という文字の真ん中には、日本人が神界からいただいた命の根である、もっとも大切な食物「米」という字を据えていました。その力を意図的に封じ込めたのです。

また、日本人が「物」よりも大切にしてきた「靈」という存在があります。

その「靈」という漢字を「霊」という漢字に簡略化しました。

「靈」という文字の意味は巫女が、口を開いて雨を受け取っている姿を象徴化したものであり、日本人の女性が神様とつながり御神意をうかがうものです。神事を封じ、再び日本が神様の力を発揮し立ち上がることができないよう、意図的に変えられた歴史を忘れてはなりません。

国学者の平田篤胤は、「大和心を太く固めたく望むときには、何よりも人の死後の霊の行方、落ち着くところを知ることが第一である」（『霊能真柱』）といっています。私は、神様を信仰する神職として死後の行き先の名称や場所の概念は異なれども、死後の世界である「霊界」は実在することを確信しています。

目で見えないことは、存在しないということと同一ではありません。

まずは、「みたま」を信じることから神道信仰は始まります。

霊界の組織や構造は死んでみないとわかりませんが、生涯かけて「人は死んだらどうなるか」を考えていくことによって、失われたものを取り戻し、〝大和心〟が固く強くなっていくのです。

閉塞した現代の日本を立て直していくには、国や組織の改革よりも、個々人が死から命を見つめることで霊性を開花し〝大和心〟を取り戻すことにあるのです。

結びにあたり、本書の企画を推進していただいた一凜堂の稲垣麻由美さん、出版の機会を与えてくださり、刊行までの編集作業に際し、細やかなご尽力をいただいた二見書房編集部の小川郁也さん、執筆にご協力いただいた中山寒稀さん、チャプレンの存在意義や神道の生命倫理について深いご理解をいただき、つねに御高配を賜る地域医療連携推進法人医療戦略研究所代表理事石井正三先生、理事石井敦子先生ご夫妻に心から感謝申し上げます。

奇しきご縁によって、本書を手にしてくださった読者のみなさまが命の宗教・神道を感じ、より幸せに生きる救いの書になることを心からお祈りしています。

令和二年七月三〇日

大和國一宮　三輪明神　大神神社にて

鈴木　哲司

命《いのち》が消《き》えたらどこへゆくのか

著　者　鈴木哲司《すずきてつじ》

発行所　株式会社　二見書房

〒101-8405
東京都千代田区神田三崎町2-18-11堀内三崎町ビル
電話　03(3515)2311［営業］
　　　03(3515)2313［編集］
振替　00170-4-2639

印刷所　株式会社　堀内印刷所
製本所　株式会社　村上製本所

イラスト　井川泰年／きよら
ブックデザイン　河石真由美（オフィスCHIP）
DTP組版　オフィスCHIP

落丁・乱丁本は送料小社負担にてお取替えします。
定価はカバーに表示してあります。

ISBN978-4-576-20134-4
https://www.futami.co.jp